Steffi und Ella
Handarbeiten für Anfänger

STRICKEN · HÄKELN · STICKEN
PATCHWORK

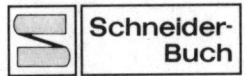

Inhalt

I Stricken

a) Was man braucht	14
b) Grundtechnik	16
Anschlagen	17
Anfangsrandmasche	19
Rechte Maschen	19
Endrandmasche	20
Linke Maschen	22
Abketten	24
Abnehmen	26
Zunehmen	27
c) Praktische Anwendung	28
Schal	28
Pullover	30
Handschuhe	34
Mütze	39
d) Muster	41
Stricken mit Bouclé	43
Bündchenmuster	43

Flache Rippen	43
Korbmuster	44
Rhombenmuster	44
Schrägstreifen	45
Riffelmuster	46
Schräges Durchbruchmuster	47
Türkisches Muster	48
Spitzenrippen	48
Einfache Zopfrippen	50
Noppen	51

II Häkeln

a) Was man braucht	54
b) Grundtechnik	55
Luftmaschen	55
Feste Maschen	57
Halbe Stäbchen	59
Normale Stäbchen	60
Doppelstäbchen	61
Dreifachstäbchen	62
Kettmasche	63
Anhäkeln	64
c) Praktische Anwendung	65
Bettüberdecke	65
Spitzendeckchen	66
Häkelbild (Pfau-Motiv)	75

III Sticken

a) Was man braucht 84

b) Grundtechnik 88
Rückstich 88
Einfach oder doppelt durchgezogener Rückstich 90
Stielstich 91
Spaltstich 93
Langettenstich 94
Pyramidenförmiger Langettenstich 96
Knopflochstich 97
Kreisförmiger Langettenstich 98
Kettenstich 98
Margeritenstich 100
Durchgezogener Kettenstich 101
Kettenstich in Zickzackreihe 103
Verschränkter Kettenstich 104
Offener Kettenstich 105
Kettenstich in Bäumchenform 105
Kreuzstich 107
Doppelter Kreuzstich 109
Hexenstich 111
Hexenstich mit Überfangstichen 112
Geschlossener Hexenstich 114
Bäumchenstich 115
Geschlossener Bäumchenstich 117
Zweigstich 118
Sandstich 120
Knötchenstich 120
Gittermuster 121

Einfacher Vorstich	125
Plattstich	126
Schräger Plattstich	128
Waagrechter Plattstich	129
Übergreifender Plattstich	130
Versetzter Plattstich	130
Grundwebstich	131
c) Praktische Anwendung	134
Monogramm	134
Deckchen aus Kreuzstichen	135
Kissen nach Richelieustickerei	137

IV Patchwork

a) Was man braucht	142
b) Grundtechnik	143
c) Praktische Anwendung	153
Topflappen mit applizierter Tomate	153
„Spitzen"-Bild	154
Sitzkissen	154
Patchworkdecke	156

CIP-Kurztitelaufnahme der Deutschen Bibliothek

Steffi:
Handarbeiten für Anfänger: Stricken, Häkeln,
Sticken, Patchwork / Steffi u. Ella.
Fotos: Annette Schneider. Sachzeichn.: Jean Michel Paillé. –
München; Wien; Zürich: F. Schneider, 1985.
ISBN 3-505-09059-X
NE: Ella:

© 1985 by Franz Schneider Verlag GmbH & Co KG
8000 München 46 · Frankfurter Ring 150 · Wien – Zürich
Fotos: Annette Schneider
Sachzeichnungen: Jean Michel Paillé
ISBN: 3-505-09059-X
Bestell-Nr.: 9059

Wir sind Steffi und Ella, zwei strickwütige Freundinnen. In der Schule sind wir der Schrecken aller Lehrer, weil unser Stricknadelgeklapper regelmäßig den Unterricht aus den Angeln hebt.

Wir gehen einmal in der Woche Kaffeetrinken, und dann können wir mindestens drei Stunden nur über verschiedene Muster und neue Modelle fachsimpeln – das Strickzeug läuft dann mit dem Mundwerk um die Wette. Kurz vor Weihnachten oder vor Geburtstagen ist die Hektik besonders groß, weil wir die ganze Verwandtschaft mit unseren Entwürfen Marke „Eigenbau" mehr oder weniger erfreuen. Da kann es schon mal passieren, daß man einen Handschuh mit vier Fingern strickt, aber solange er nur für die Schwester ist, ist es noch tragbar; schließlich handelt es sich dann ja um ein selbstgemachtes Stück von einmaligem Wert (Versuch doch mal, einen Handschuh mit vier Fingern in einem Geschäft zu kaufen!).

Damit euch solche Pannen nicht unterlaufen und ihr euch und eure Freunde mit euren Meisterwerken beglücken könnt, haben wir beschlossen, das Wichtigste, was man zum Handarbeiten wissen muß, in einem Buch zusammenzuschreiben.

Also, tapfer sein und frohen Mutes auf ans Werk!

Noch ein Tip: Falls es nicht sofort klappt, werft nicht gleich die Nadel ins Korn.

> Viel Spaß und Erfolg
> wünschen euch Steffi und Ella

Briefadresse der Autoren:
Steffi und Ella
SchneiderBuch, Postfach, 8000 München 46

Stricken

a) Was man braucht

Stricken könnt ihr eigentlich mit jeder Wolle. Für diejenigen unter euch, für die Stricken „Neuland" ist, empfehlen wir ein Garn, das hauptsächlich aus Kunstfaser besteht, weil es sich leicht stricken und auch einfach wieder auftrennen läßt. Wer sehr mutig ist und vielleicht auch schon einige Erfahrungen auf diesem Gebiet hat, kann es mit Mohair oder Angora versuchen.

Wenn ihr euch dazu durchgerungen habt, etwas Ausgefallenes zu stricken, ist es am besten, wenn ihr euch in einem Wollgeschäft sagen laßt, welche Wolle sich am besten eignet. Denn Seide dehnt sich ziemlich, und Angora reißt sehr leicht und eignet sich daher auch nicht zum Auftrennen.

Wenn ihr jetzt die geeignete Wolle gefunden habt, braucht ihr nur noch ein paar Nadeln dazu – und da habt ihr eine sehr große Auswahl. Einmal gibt es lange Nadeln (etwa 30 cm), die hinten ein Knöpfchen haben – nicht zum Drücken, sondern damit die Maschen nicht runterpurzeln, denn das kann im Eifer des Gefechts leicht passieren. Diese Nadeln werden zum Stricken von geraden Teilen benutzt. Ihr könnt aber auch mal versuchen, damit rundzustricken. Da es uns noch nicht gelungen ist, wären wir über jeden gemeldeten Erfolg dankbar.

Diese Gattung Stricknadeln hat noch eine Unterart für die ganz Eiligen von euch. Sie heißen Schnellstricknadeln und werden zum Ende hin dünner. Nebenbei sei jedoch bemerkt, daß wir beide mit diesen Stricknadeln ungefähr das Doppelte der Zeit benötigen, denn irgendwie lassen sich bei uns die Maschen dann so schlecht abstricken. Aber vielleicht gibt es wirklich Leute, die mit diesen Ungetümen fertig werden. Ihr könnt es ja einmal auf einen Versuch ankommen lassen.

Noch etwas ganz „Exotisches" für die Extravaganten unter euch: die Perlonstricknadel. Sie zeichnet sich durch eine kurze Stricknadel aus, die in einen stabilen Perlonfaden übergeht – natürlich auch mit Knöpfchen am Ende. Diese Nadeln sind gut, wenn ihr viele Maschen zu bewältigen habt, und außerdem entlasten sie die Arme, weil das Gewicht von eurem Meisterwerk auf dem Schoß liegt. Uns beiden sind diese Stricknadeln jedoch etwas unheimlich, da ein heilloser Wirrwarr entstehen kann.

Aber das war noch nicht alles! Es gibt nämlich auch noch Strumpfstricknadeln. Wie der Name schon sagt, kann man damit Strümpfe stricken und ebenso Handschuhe, Mützen und andere kleine runde Sachen. Diese Strumpfstricknadeln bestehen aus einem Rudel von fünf gleichen Stricknadeln zwischen 15 und 30 cm; in Fachkreisen bezeichnet man dieses Rudel als „Spiel". Wenn ihr keine zur Hand habt, könnt ihr auf Mikadostäbchen ausweichen, denn die Strumpfstricknadeln schauen genauso aus. Der einzige Unterschied besteht darin, daß sie weder bunt noch aus Holz sind, außerdem brechen sie nicht so leicht ab und pieksen nicht so. Wenn ihr also etwas Größeres vorhabt, ist es wohl doch besser, wenn ihr euch ein Strumpfstricknadelspiel anschafft, denn es ist nicht ratsam, einen ganzen Handschuh mit Mikadostäbchen zu stricken.

Es gibt aber auch noch eine Alternative zu den Strumpfstricknadeln (oder den Mikadostäbchen), das wäre die Rundstricknadel. Das ist im Prinzip nur eine besonders lange, biegsame Nadel. Sie hat zwei spitze Enden und in der Mitte einen Perlonfaden. Die Rundstricknadel eignet sich besonders zum Stricken von Pullovern ohne Seitennähte und ist in verschiedenen Längen erhältlich.

Wenn ihr Meister im Maschenfallenlassen seid, empfiehlt sich die Anschaffung einer Häkelnadel, um die davongelaufenen Maschen wieder einzufangen.

Für die Profis unter euch gibt es noch eine Zopfmusternadel. Sie sieht aus wie eine einzelne Strumpfstricknadel mit Kurve in der Mitte. Diese Zopfmusternadel braucht man eigentlich nur zum Zöpfestricken – aber es geht ohne fast genauso gut.

Alle diese Nadeln gibt es in verschiedenen Stärken (= Dicke), und die richten sich nach der Wollstärke. Auf jedem Wollknäuel steht die Angabe, welche Nadeln ihr braucht.

b) Grundtechnik

Jetzt wißt ihr, was man alles braucht, und nun kann es gleich losgehen.

Am besten strickt ihr erst mal ein Stückchen nur zum Üben. Dafür nehmt ihr am besten zwei Stricknadeln –

Stärke 3, nicht zu dick und nicht zu dünn – und einen alten Wollrest.

Anschlagen
Am besten schlagt ihr zehn Maschen an. Dafür meßt ihr ungefähr 30 cm Faden ab und legt ihn an diesem Punkt zwischen Ringfinger und kleinen Finger der linken Hand, dabei sollte das Fadenende auf der Seite des Handrückens sein. (Wenn ihr diesen Satz verstanden

Anschlagen

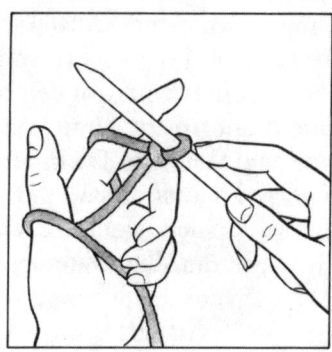

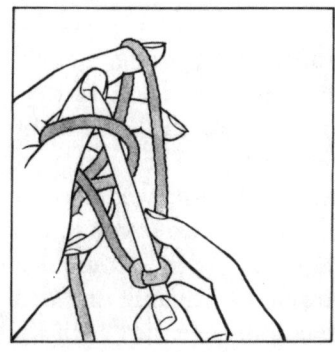

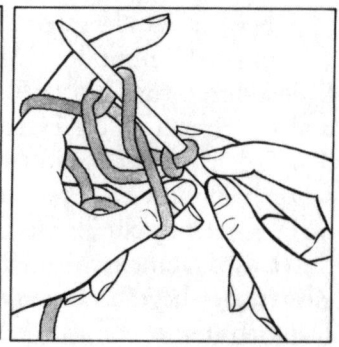

habt, seid ihr schon fast perfekte Stricker!) Dann legt ihr den Faden, der auf der Seite der Handfläche ist, zwischen Zeige- und Mittelfinger, danach müßte er eigentlich wie das Fadenende liegen, wenn nicht, ist irgendwo der „Wurm" drin.

Jetzt nehmt ihr den Faden, der am Wollknäuel hängt, und führt ihn im Uhrzeigersinn um den Daumen herum (zum Vergleich ist eine Digital-Uhr nicht ratsam). Nun muß der Faden auf der Seite der Handfläche sein. Dann nehmt ihr den Faden und drückt ihn locker mit kleinem Finger, Ring- und Mittelfinger gegen die Handfläche. Jetzt kann das Anschlagen losgehen.

Ihr nehmt eine von den beiden Nadeln in die rechte Hand und stecht damit von unten in die Schlaufe kurz vor dem Daumen. Dann versucht ihr mit der Nadel den Faden hochzulüpfen, der um den Zeigefinger liegt. Diesen Faden zieht ihr dann nach unten durch die Schlaufe um den Daumen, und danach zieht ihr den Daumen aus der Schlinge und die Fäden ein bißchen an. Seht ihr, es dauert keine halbe Stunde, und schon ist die erste Masche fertig – dagegen sind die restlichen Maschen ein Kinderspiel!

Nun fahrt ihr mit dem Daumen zwischen den beiden Fäden durch (das kurze Fadenstück wird mit Mittel- und Ringfinger an die Handfläche gedrückt) und zieht den Faden auf der Handfläche etwas zu euch hin, und schon habt ihr wieder die Daumenschlaufe (wehe, wenn nicht!). Jetzt stecht ihr mit der Nadel wieder von unten durch die Daumenschlaufe, holt den Faden, der um den Zeigefinger liegt, zieht ihn durch die Schlaufe und den Daumen aus der Schlaufe heraus und zieht die Fäden an.

Nun geht das Ganze wieder von vorn los. Das wiederholt ihr so lange, bis ihr 10 bis 15 Maschen auf der Nadel habt.

Jetzt geht's an die erste Reihe. Dafür nehmt ihr den Faden, legt ihn bei der linken Hand zwischen kleinen Finger und Ringfinger, führt ihn über die Handfläche zwischen Zeige- und Mittelfinger nach hinten und legt ihn schließlich zweimal gegen den Uhrzeigersinn um den Zeigefinger. Dann nehmt ihr die Nadel mit den Maschen so in die Hand, daß der Faden zwischen Nadel und Zeigefinger gespannt ist.

Wer bis jetzt noch keine verknoteten oder gebrochenen Finger hat, hat ziemlich gute Erfolgsaussichten.

Jetzt nehmt ihr die zweite Nadel in die rechte Hand (he, du da, ja, genau du! In die rechte, nicht in die linke Hand, die ist doch schon voll besetzt!).

Anfangsrandmasche
Jetzt geht's mit der Randmasche los. Stecht mit der rechten Nadel von rechts hinten in die erste Masche ein, zieht den Faden durch die Masche durch, und hebt sie von der linken auf die rechte Nadel ab. Das war eine Randmasche, die man immer am Anfang einer Reihe macht.

Rechte Maschen
Es ist wohl besser, ihr übt jetzt erst einmal die rechten Maschen. Dazu stecht ihr von vorn links in die Masche ein, holt den Faden, zieht ihn durch die Masche durch und hebt sie ab. Das wiederholt ihr so lange, bis ihr bei der letzten Masche angelangt seid.

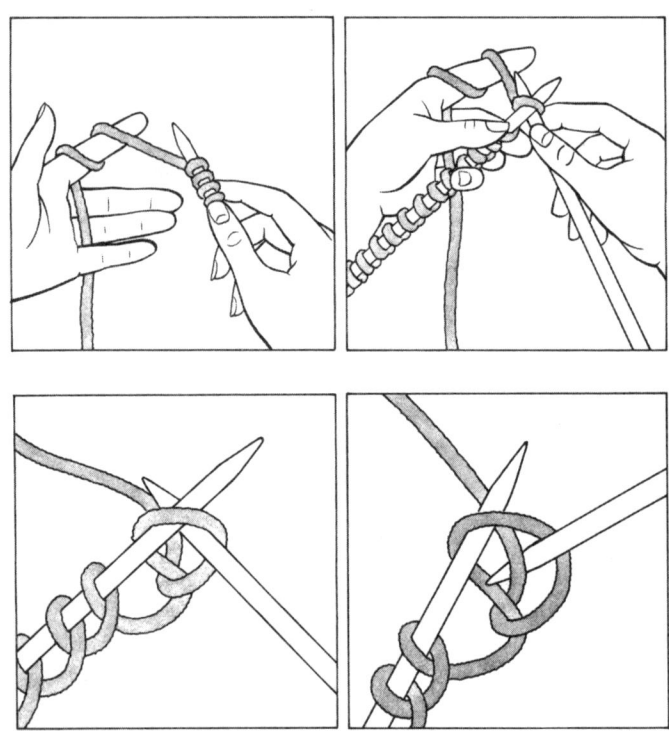

Rechte Maschen

Endrandmasche
Dann kommt die Randmasche für das Ende der Reihe. Dafür legt ihr den Faden vor die linke Nadel und stecht von rechts in die Masche ein und hebt sie einfach ab. Damit wäre die erste Reihe geschafft!

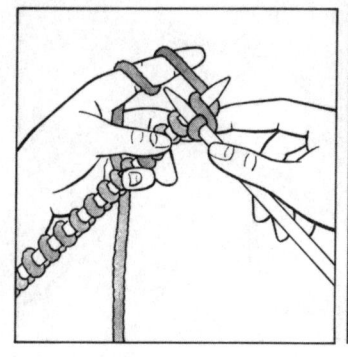
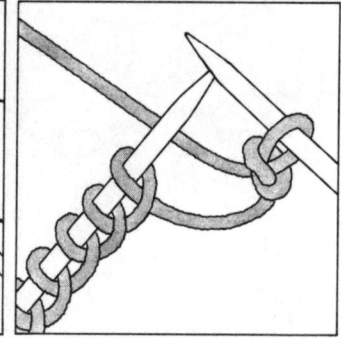
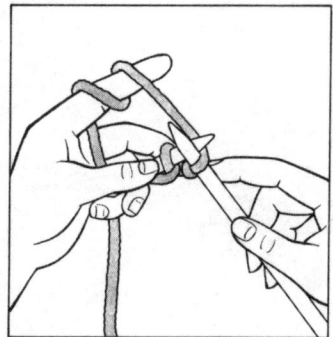

Rechte Maschen

Dann dreht ihr die Nadel um, nehmt den Faden wie bei der ersten Reihe in die Hand. Jetzt könnt ihr die nächsten Reihen wie die erste Reihe stricken: Ihr beginnt mit der Randmasche für den Anfang der Reihe, dann strickt ihr lauter rechte Maschen (bis ihr euch ein bißchen sicher fühlt). Vergeßt aber nicht die Randmasche am Ende der Reihe. Somit wäre schon mal ein sehr guter Anfang gemacht.

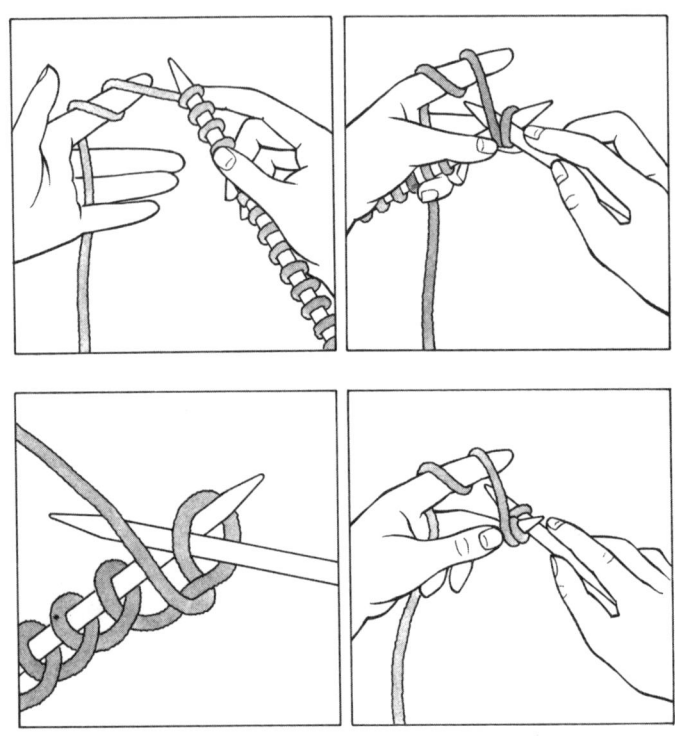

Linke Maschen

Linke Maschen

Um eure Strickkünste noch zu erweitern, kommen jetzt die linken Maschen dran. Dabei macht ihr am Anfang der Reihe die wohlbekannte Randmasche, die ihr mittlerweile ja fast im Schlafen können müßtet. Dann legt

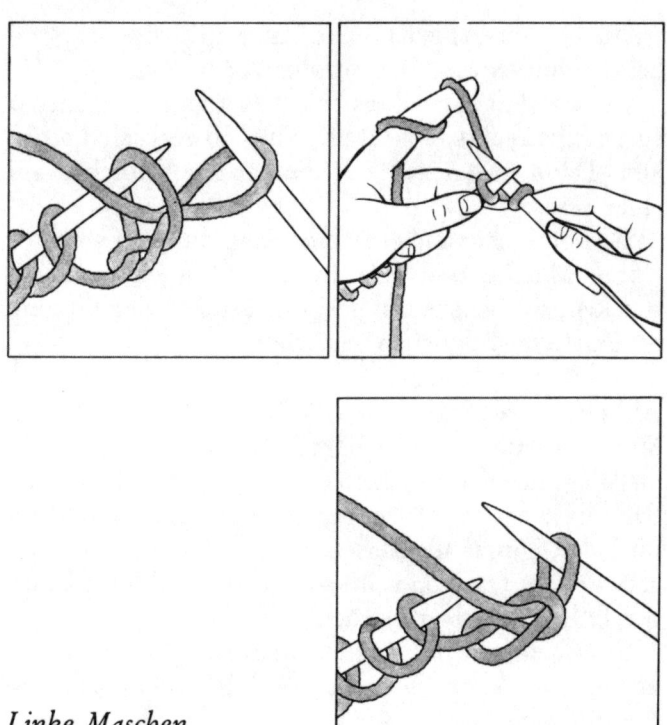

Linke Maschen

ihr den Faden vor die linke Nadel, stecht von rechts in die Masche ein, holt den Faden mit der rechten Nadel, zieht ihn nach oben durch und hebt die Masche ab. Am Ende der Reihe kommt dann wieder die Randmasche.

Wenn ihr ein paar Reihen rechte und linke Maschen gestrickt habt, werdet ihr merken, daß sie sich sehr ähnlich sind. Der einzige Unterschied ist, daß bei den rechten Maschen die Knötchen auf der Rückseite liegen, bei den linken Maschen auf der Vorderseite.

Um ein glatt gestricktes Teil zu bekommen, müßt ihr eine Reihe rechts, eine Reihe links abwechselnd strikken. Dann liegen nämlich die ganzen Knötchen auf einer Seite.

Ihr könnt aber auch mal ein wenig variieren und eine rechte Masche und eine linke Masche abwechselnd stricken; das schaut fast gerippt aus und wird oft zum Stricken von Bündchen verwendet.

Abketten
Wenn ihr mit einem Strickteil fertig seid, solltet ihr vielleicht nicht nur einfach die Nadel rausziehen, denn dann ist euer Meisterwerk nicht sehr von Dauer (außer ihr haltet immer alle Maschen fest). Ratsamer wäre es, abzuketten. Das könnt ihr sowohl mit rechten als auch mit linken Maschen machen.

Zuerst einmal mit rechten Maschen: Ihr strickt die ersten zwei Maschen – aber, Achtung, diesmal keine Randmasche, sondern gleich zwei rechte Maschen! Dann stecht ihr mit der linken Nadel in die erste gestrickte Masche und zieht diese Masche über die zweite drüber. Dann strickt ihr wieder eine rechte Masche und habt so zwei Maschen auf der rechten Nadel, wobei wieder die erste über die zweite gezogen wird. Das Abketten mit linken Maschen funktioniert genauso, doch anstatt rechter strickt ihr jetzt linke Maschen. Wenn ihr nur noch eine Masche auf der Nadel habt, schneidet ihr den Faden in ungefähr 10 cm Länge ab und zieht ihn dann mit der Nadel nach oben durch.

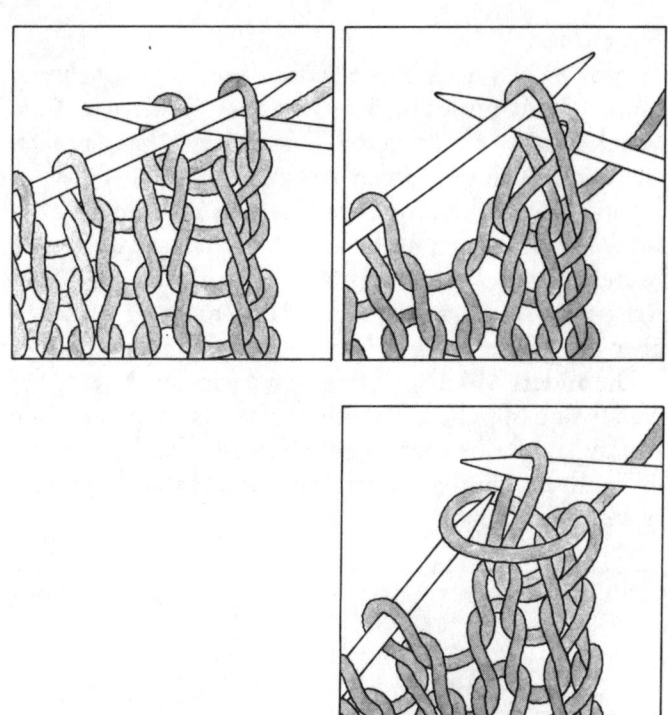

Abketten

Wichtig ist noch, daß ihr beim Abketten ziemlich locker strickt, da sich euer Meisterwerk sonst oben zusammenzieht.

Wenn ihr bis hierhin durchgehalten habt, seid ihr sehr gut und könnt euch bald einen Pulli stricken; für einen Schal würde es jetzt schon reichen.

Abnehmen

Es gibt zwei verschiedene Arten, wie man abnehmen kann – nicht um dünner zu werden, sondern um die Maschenzahl zu reduzieren! Wie ihr seht, hat das auch nichts mit Kalorienzählen zu tun.

Eine Möglichkeit ist, zwei Maschen auf einmal abzustricken. Dabei nehmt ihr zwei Maschen auf die rechte Nadel und strickt sie wie eine einzelne Masche ab. Diese Art eignet sich besonders gut dazu, mehrere Maschen über die ganze Nadel verteilt abzunehmen.

Die andere Möglichkeit besteht darin, am Anfang der Nadel eine Masche abzuketten. Hier kann man nur am Anfang der Reihe abnehmen. Diese Möglichkeit werdet ihr wohl am häufigsten bei Arm- und Halsausschnitten anwenden.

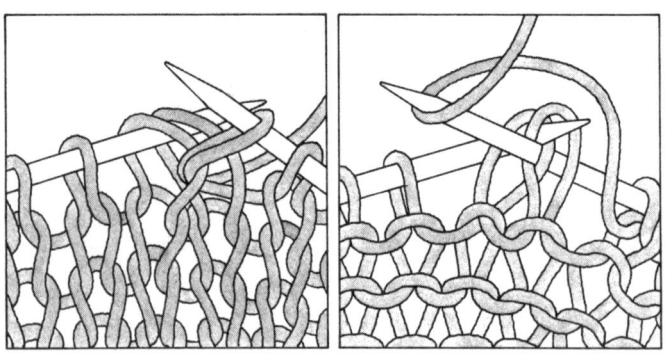

Abnehmen

Zunehmen

Beim Zunehmen gibt es nur eine Art: Ihr könnt, wie auch beim Abnehmen, im Strickstück zunehmen. Dazu stecht ihr mit der linken Nadel unter dem querliegenden Faden von vorn nach hinten ein und hebt diesen auf die Nadel; dabei liegt der Faden hinter der Nadel. Dann stecht ihr mit der rechten Nadel hinter der linken in die so entstandene Schlaufe ein, holt den Faden mit der rechten Nadel und zieht ihn durch die Schlaufe durch. Schon habt ihr eine Masche mehr auf der Nadel. Mit dieser Methode könnt ihr also mehrere Maschen über die ganze Nadel verteilt zunehmen.

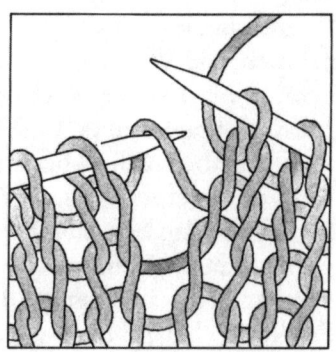

Zunehmen

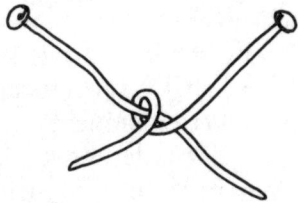

c) Praktische Anwendung

Schal

Jetzt wird's ernst, jetzt könnt ihr beweisen, was ihr im ersten Teil gelernt habt! Damit euch das Erfolgserlebnis sicher ist, geht's ganz einfach los: nämlich mit einem Schal.

Jetzt beginnt die Qual der Wahl! Welche Wolle nehmen wir? Wie dick soll die Wolle sein? Welche Farbe denn bloß (ist sie auch modisch genug)? Welches Muster? Fragen über Fragen! Die Entscheidung liegt jetzt ganz bei euch. Aber ehe ihr ganz verzweifelt, wie wäre es mit einem kleinen Tip von uns? Zuerst einmal zur Wolle: Am besten nehmt ihr ein Gemisch aus Wolle und Synthetik, denn wie gesagt: Mohair läßt sich so gut wie gar nicht auftrennen. Die Wolle sollte am besten Stärke 4–5 haben, die Nadeln dann natürlich auch. Die ganz Fleißigen können auch dünnere Wolle nehmen. Das dauert zwar länger, sieht aber vielleicht doch etwas edler aus. Versucht es am besten mit 150 g Wolle. Ihr könnt dann, wenn ihr wollt, so lange stricken, bis die Wolle ausgeht. Aber halt – vergeßt nicht, daß ihr noch etwas Wolle zum Abketten braucht!

Jetzt zum Muster. Entweder ihr strickt kraus rechts, also nur rechte Maschen, oder ihr strickt eine rechte

Masche, eine linke Masche abwechselnd. Aber eurer Phantasie sind dabei keine Grenzen gesetzt.

So, jetzt frisch und munter ans Werk! Wir empfehlen, 30 Maschen anzuschlagen. (Das Anschlagen beherrscht ihr wohl hoffentlich – wehe, wenn nicht! Sonst geht zurück zu Seite 17. Oder setzt eine Runde aus!) Dann beginnen wir mit der ersten Reihe. Aber wer wird denn gleich losstricken! Was haben wir ganz zu Anfang gelernt? Ja, richtig, die Anfangsrandmasche! Jetzt kann's losgehen – aber die Endrandmasche solltet ihr weder von der Nadel noch unter den Tisch fallen lassen! Falls euch beim ersten Knäuel der Faden ausgeht, die Lust aber immer noch vorhanden ist, dann müßt ihr „einfach" anstricken.

Wie mach ich das bloß?

Dazu legt ihr das Fadenende vom alten Knäuel mit dem Fadenende des neuen Knäuels um den Finger und strickt zwei bis drei Maschen mit doppeltem Faden. Aber aufgepaßt, die beiden Fadenenden müssen in entgegengesetzter Richtung liegen, denn sonst ist das zweite Knäuel auch gleich nach drei Maschen wieder aus. Wenn der Schal also lang genug ist, geht's ans Abketten. Davon haben wir doch auch schon mal gehört, oder? (Seite 24!) Dann ist der Schal fast fertig. Nur hängen jetzt noch ein paar lästige Fäden in der Gegend herum. Tut euch und eurem Schal einen Gefallen: Schneidet die Fäden nicht gleich ab, sonst habt ihr bald wieder ein Knäuel Wolle, aber dafür keinen Schal mehr. Also seid so vernünftig und vernäht die Fäden wenigstens ein bißchen. Uns ist das Vernähen auch sehr lästig, doch vielleicht könnt ihr dafür eure Mutter,

Oma, Tante oder so etwas in der Richtung engagieren. Denn das Risiko mit unvernähten Fäden ist doch etwas groß. Zum Vernähen nehmt ihr am besten eine dicke stumpfe Nadel und zieht den Faden durch ein paar Maschen durch, möglichst so, daß man den vernähten Faden nachher nicht mehr sieht. Schon ist euer erstes Meisterwerk fertig. War doch gar nicht so schlimm, oder?

Pullover
Jetzt steht euch schon Schwierigeres bevor – doch ihr werdet das Problem schon lösen! Wir wagen uns jetzt an einen Pullover. Der einzige Haken ist der Schnitt. Doch jetzt geht erst mal (wie immer) das Problem mit der Wolle los. Für einen mitteldicken Pullover empfehlen wir euch eine Wolle mit der Stärke 3–4 und den dazu passenden Nadeln. Ihr werdet bei einem Pulli für Größe 38 und bei einer Wollstärke 3–4 ca. 500 g Wolle brauchen. Wenn ihr die Wolle kauft, fragt gleich, ob ihr dieselbe Wolle nachkaufen könnt. Wenn ja, dann hebt euch die Banderole auf, die um jedes Wollknäuel ist. Wenn ihr keine Wolle nachkaufen könnt, dann nehmt lieber mehr und bringt den Rest zurück.

Jetzt geht's los, und zwar mit dem Rückenteil. Schlagt 90 Maschen an, und dann kann es gleich mit dem Bündchen losgehen. Zuerst die Anfangsrandmasche (sie verfolgt euch ständig) und dann weiter eine rechte Masche, eine linke Masche abwechselnd. Am Ende ist dann wieder eine Randmasche fällig. In diesem Muster strickt ihr dann ungefähr 6 cm hoch.

Dann kommt das Muster für den Pullover selber:

glatt rechts (das war doch..., ja, richtig, eine Reihe rechte Maschen und eine Reihe linke Maschen). So könnt ihr stricken und stricken und stricken, bis das ganze Teil 38 cm lang ist.

Nun kommt der erste Stein, den wir euch in den Weg legen: der Armausschnitt. Um mit dem fertig zu werden, müßt ihr auf jeder Seite einmal am Anfang der Reihe 15 Maschen abketten, dann sollten eigentlich nur noch 80 Maschen auf der Nadel sein. So, das wäre geschafft! Jetzt könnt ihr wieder stricken – doch freut euch nicht zu früh, der Halsausschnitt naht!

Wenn ihr also so weit gestrickt habt, daß das ganze Teil 62 cm lang ist, braucht ihr eine dritte Nadel; auf die müssen ein paar überflüssige Maschen (das Ding schimpft sich Hilfsnadel). Jetzt strickt ihr die ersten 20 Maschen, am besten mit der Hilfsnadel, und kettet die nächsten 20 Maschen ab. Die restlichen 20 Maschen strickt ihr dann mit der dritten Nadel, und das gleich 3 cm hoch (vom Halsausschnitt gemessen gesamte Höhe also 65 cm). Dann kettet ihr diese 20 Maschen gleich ab. Nun geht's wieder zur Hilfsnadel. Jetzt strickt ihr die 20 Maschen von der Hilfsnadel 3 cm hoch und kettet die auch ab. So, das Rückenteil wäre fertig. Hat schön lang gedauert, stimmt's?

Nun, keine Müdigkeit vorschützen, und ab zum Vorderteil (solange die Nadeln noch warm sind)! Das Vorderteil strickt ihr bis 50 cm Höhe wie das Rückenteil. Jetzt kann wieder die Hilfsnadel in Aktion treten: Ihr strickt 20 Maschen, kettet 20 Maschen ab und strickt wieder 20 Maschen, diesmal aber mit der dritten Nadel. Dann strickt ihr wie beim Rückenteil bis zu einer Gesamthöhe von 65 cm, vergeßt aber nicht abzuketten. So, jetzt habt ihr eigentlich schon einen Pullunder, denn zum Pullover fehlen nur noch die Ärmel. Doch die sind dummerweise so ziemlich das Komplizierteste an dem ganzen Pulli. Aber keine Angst, es wird schon klappen.

Für das Bündchen am Ärmel schlagt ihr 30 Maschen an und strickt dann 6 cm im Bündchenmuster. Wenn ihr nun „glatt rechts" (eine Reihe rechte, eine Reihe linke Maschen) weiterstrickt, dann nehmt in der ersten Reihe nach dem Bündchen 10 Maschen über die ganze Nadel verteilt zu (Genaueres darüber steht bei „Zunahme im Strickstück" auf Seite 27). Jetzt habt ihr hoffentlich 40 Maschen auf der Nadel – wenn nicht, dann ist irgendwo der Wurm drin. Nun strickt ihr den Ärmel einfach weiter, ihr müßt jedoch in jeder folgenden vierten Reihe eine Masche am Anfang der Reihe und eine am Ende zunehmen. Das macht ihr so lange, bis ihr 80 Maschen auf der Nadel habt.

STRICKEN

Oben: kraus rechts (nur rechte Maschen) – S. 19–21
Unten: glatt rechts (Hinreihe rechte Maschen,
Rückreihe linke Maschen) – S. 24

Linke Maschen — S. 22/23

Pullover mit Noppenmuster — S. 30

Oben: ein Fingerhandschuh
(der 1. Finger ist fast fertig) — S. 37
Unten: Stricken mit Bouclé — S. 43

Nun wird es leichter, und zählen müßt ihr auch nicht mehr. Strickt den Ärmel nach dem Zunehmen gerade hoch bis zu einer Gesamtlänge von 50 cm. Jetzt nur noch schnell abketten und Fäden vernähen, und schon ist der erste Ärmel fertig. War gar nicht so schlimm, oder? Den anderen Ärmel strickt ihr genauso wie den ersten.

Wenn ihr dann, sehnlichst erwartet, Vorder- und Rückenteil und die beiden Ärmel habt – mit vernähten Fäden selbstverständlich –, dann geht das Puzzlespiel los. Am einfachsten ist es, zuerst die Ärmelnähte zusammenzunähen und dann Seiten- und Schulternähte von Vorder- und Rückenteil. Falls eure Nadel zu bremsen ist, laßt besser noch ein Loch für den Kopf und je eines für die Arme (sonst wird der Pullover ein wenig unbequem). Schließlich könnt ihr die Ärmel in die Armlöcher einnähen.

Doch halt! Das war noch nicht alles. Jetzt wird der Halsausschnitt noch etwas verschönert. Dafür braucht ihr eine Rundstricknadel, mit der ihr 64 Maschen aus dem Halsausschnitt auffaßt. Spießt einfach 64 Maschen (oder was so ähnlich aussieht) auf die Nadel. Diese 64 Maschen strickt ihr dann im Bündchenmuster 6 cm hoch. Doch diesmal wird nicht, wie bis jetzt immer, vor und zurück gestrickt, sondern rund. Das funktioniert wie folgt: Ihr habt die Maschen aus dem Halsausschnitt aufgespießt. Jetzt nehmt ihr die Rundnadel wie zwei normale Nadeln. Der Trick dabei ist, daß ihr nicht die Masche zuerst abstrickt, die ihr zuletzt aufgenommen habt, sondern ihr strickt die Masche zuerst, die ihr als erste aufgenommen habt (d. h. die erste Masche auf der linken Nadel). Nun könnt ihr immer im Kreis stricken, 6 cm lang.

Jetzt beginnt der Endspurt für euren ersten selbstgestrickten Pulli! Die 6 cm, die ihr am Halsausschnitt gestrickt habt, näht ihr (nach dem Abketten natürlich) zur Hälfte nach innen um. Nun müßt ihr nur noch die letzten Fäden vernähen, und dann nichts wie anziehen!

Hoffentlich paßt er einigermaßen, und auch wenn er ein wenig schief ist, denkt euch nichts, es ist noch kein Meister vom Himmel gefallen (ihr solltet mal unsere ersten Pullis sehen!).

Handschuhe

Jetzt wird es ein bißchen schwieriger, aber wenn ihr bis hierhin gekommen seid, werdet ihr die Handschuhe auch noch bewältigen.

Nun braucht ihr Wolle, etwa Stärke 2½–3, und zwar 50 bis 100 g (das kommt ganz auf die Größe an), und das dazugehörige Nadelspiel.

Schlagt jetzt auf der ersten Nadel 8 Maschen an, dann nehmt ihr die zweite Nadel und schlagt mit dem gleichen Faden wieder 8 Maschen an (als wären die beiden Nadeln nur eine); dann hängt ihr die dritte und vierte Nadel genauso mit jeweils 8 angeschlagenen Maschen an die zweite Nadel an. Jetzt habt ihr 32 Maschen auf vier Nadeln verteilt, die alle aneinander hängen. Jetzt nehmt ihr die fünfte Nadel und strickt die erste Masche von der ersten Nadel (keine Randmasche, sondern eine rechte Masche). Da der Faden an der letzten Masche der vierten Nadel war und ihr jetzt mit diesem Faden die erste Nadel abstrickt, müßtet ihr

Stricken in der Runde

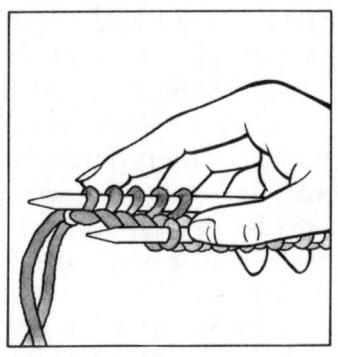

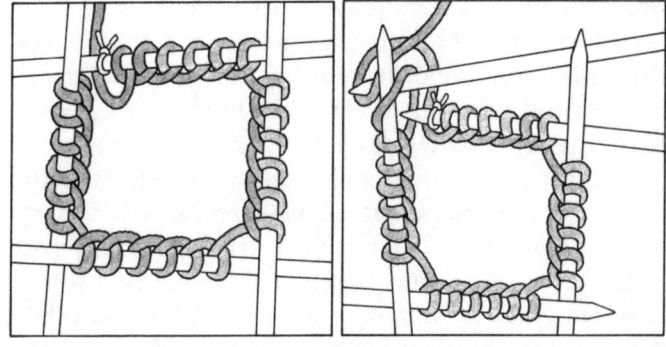

eigentlich ein rundes, zusammenhängendes Stück haben!

Jetzt strickt ihr die erste Nadel im Bündchenmuster (eine rechte Masche, eine linke Masche). Nach dem Abstricken der ersten Nadel habt ihr wieder eine Nadel übrig, mit der ihr die zweite Nadel abstricken könnt. Danach nehmt ihr wieder die leere Nadel und strickt damit die dritte Nadel ab und schließlich wieder mit der übrigen Nadel die vierte Nadel.

Wenn ihr ungefähr zwei Reihen im Bündchenmuster gestrickt habt, dann zieht ihr das Strickstück am besten erst einmal übers Handgelenk; so könnt ihr sehen, ob es paßt. Sollte es zu eng sein, trennt ihr alles noch einmal auf (das ist kein schlechter Scherz) und schlagt jede Nadel noch einmal um ungefähr zwei Maschen mehr an. Sollte das Stück aber zu groß sein, dürft ihr ebenfalls noch einmal alles auftrennen und mit ca. zwei Maschen weniger pro Nadel noch einmal anfangen. Wie ihr wahrscheinlich bemerkt habt, wird dies ein Handschuh nach Maßarbeit. Nun strickt ihr ungefähr drei bis vier Zentimeter im Bündchenmuster, immer noch in der Runde, und schließlich nehmt ihr noch eine bis zwei Maschen pro Nadel (das kommt auf die Größe der Hände an) zu (wenn ihr nicht mehr wißt, wie das geht, schaut noch einmal unter „Zunehmen im Strickstück" nach). Dann kann's weitergehen. Jetzt strickt ihr glatt rechts, d. h. nur rechte Maschen, da es ja keine Rückreihe gibt, weil ihr immer rundherum strickt. So geht's dann weiter, ungefähr bis zur Mitte der Handfläche.

Dann geht's an den Daumenausschnitt. Dafür legt ihr ungefähr 10 Maschen auf einer Sicherheitsnadel still und strickt dann ganz normal bis zum Anfang der Finger hoch. Jetzt braucht ihr noch zwei Extranadeln (hoffentlich kommt ihr nicht ins Rotieren!). Nun hebt ihr alle Maschen, die noch übrig sind, auf die zwei Extranadeln, und zwar so, daß auf jeder Nadel gleich viele Maschen sind. Die Sicherheitsnadel mit den Maschen für den Daumen sollte auf einer äußeren Seite der Nadel liegen, da sonst der Daumen mitten in der Handfläche liegt (und das wäre doch ungünstig, oder?). Wenn ihr also mit 32 Maschen das Bündchen angefangen habt und dann ingesamt 8 Maschen nach dem Bündchen zugenommen habt und 10 Maschen für den Daumen weg, habt ihr eigentlich (hoffentlich) auf jeder Extranadel 15 Maschen. (Geht's noch, oder seid ihr schon am Verzweifeln?)

Nun wird jeder Finger einzeln gestrickt – das hört sich schlimmer an, als es ist. Bei 15 Maschen pro Extranadel hebt ihr jetzt von jeder Extranadel 4 Maschen auf zwei andere Stricknadeln (das wird der Zeigefinger – hebt also die Maschen auf der Seite ab, wo der Daumen ist). Nun müßt ihr zu diesen 8 Maschen noch 4 zunehmen und diese 12 Maschen auf vier Nadeln verteilen. Mit der fünften Nadel strickt ihr dann wieder rundrum. Paßt aber auf, daß euch keine Maschen von den Extranadeln runterrutschen.

So, jetzt hätten wir sieben Stricknadeln und eine Sicherheitsnadel, damit wäre das Chaos perfekt. Aber ihr werdet die Maschen und Nadeln schon bändigen! Nun strickt ihr die 12 Maschen für den Zeigefinger so weit hoch, daß er für euren Zeigefinger paßt. Ihr müßt dabei aber beachten, daß sich das Strickstück beim Stricken etwas dehnt, also der fertige Zeigefinger wird später etwas kürzer sein.

Wenn ihr meint, ihr habt genug gestrickt und der Zeigefinger hat genug Platz, dann strickt ihr erst mal je 3 Maschen zusammen. Nun habt ihr nur noch 4 Maschen, also auf jeder Nadel eine Masche. Danach strickt ihr je zwei Maschen zusammen (hoffentlich habt ihr euch noch nicht die Finger gebrochen), dann habt ihr insgesamt nur noch zwei Maschen, die ihr zum Schluß auch noch zusammenstrickt. Den Faden schneidet ihr ab (aber aufpassen, ihr müßt noch vernähen!) und zieht ihn durch die letzte Masche. Damit ist der erste Finger geschafft – hoffentlich seid ihr noch nicht geschafft! Nur durchhalten, jetzt müßt ihr nur noch vier weitere Finger für den ersten Handschuh stricken!

Den Mittelfinger und den Ringfinger strickt ihr genauso wie den Zeigefinger: Zuerst die Maschen von der Extranadel nehmen, dann Maschen zunehmen und zur Runde schließen, den Finger stricken und dann die Maschen zusammenstricken – und fertig ist der nächste Finger. Für den kleinen Finger braucht ihr weniger Maschen, da er etwas dünner ist, aber sonst strickt man ihn genauso wie die anderen Finger.

Nun fehlt nur noch der Daumen. Dazu müßt ihr die 10 Maschen, die ihr auf der Sicherheitsnadel stillgelegt habt, auf zwei Stricknadeln heben; mit den anderen zwei Nadeln nehmt ihr aus dem Strickstück noch 6 Maschen auf und schließt das Ganze zur Runde (jetzt müßtet ihr eigentlich insgesamt 16 Maschen für den Daumen haben). Den Rest des Daumens strickt ihr dann wie die anderen Finger.

Nun ist der erste Handschuh fast fertig. Ihr solltet nur noch die Fäden vernähen. Es ist gut möglich, daß es zwischen den Fingern kleine Löcher gibt; die näht ihr am besten mit dem Faden zum Vernähen gleich zu. Ihr solltet aber dann trotzdem den Faden noch gut vernähen (sonst trennen sich die Löcher und Finger noch auf).

Den zweiten Handschuh strickt ihr wie den ersten. Falls ihr den Daumen nicht ganz an der Seite, sondern etwas zur Handfläche hin ansetzt, müßt ihr beim zweiten Handschuh aufpassen, daß er seitenverkehrt ist (sonst habt ihr zwei rechte oder zwei linke Handschuhe!).

Dieses Grundschema für Handschuhe könnt ihr jetzt beliebig variieren, z. B. könnt ihr die Finger in einer anderen Farbe stricken oder die Fingerkuppen frei lassen (dazu müßt ihr die Maschen von den Fingern abketten und nicht zusammenstricken.)

Mütze
Damit ihr keine kalten Ohren bekommt, zeigen wir euch noch, wie man eine Mütze fabriziert – das ist unserer Meinung nach einfacher als das Stricken von Fingerhandschuhen.

Ihr könnt eine Mütze auf zwei Arten stricken: entweder in der Runde (wie Handschuhe) oder offen (und sie nachher zusammennähen).

Zuerst beschreiben wir die Mütze, die in der Runde gestrickt wird.

Ihr braucht 100 bis 150 g Wolle, etwa Stärke 3, und ein dazu passendes Nadelspiel. Nun schlagt ca. 100 Maschen an und schließt sie zur Runde (keine Randmasche!). Wenn ihr eine Mütze zum Umschlagen wollt, könnt ihr ein Bündchen stricken; wenn ihr ein kleines Käppi zum Einrollen wollt, dann könnt ihr gleich richtig anfangen. Bei einer Mütze mit Umschlag müßt ihr ca. 6 bis 8 cm im Bündchenmuster stricken. Bei einem Käppi ohne Umschlag solltet ihr auch erst ein paar Zentimeter gerade hoch stricken, und dann geht es mit dem Abnehmen los. Dafür strickt ihr bei eurem Spiel die letzte Masche der einen Nadel mit der ersten Masche der nächsten Nadel zusammen, und das bei jeder Nadel in jeder Runde. So bekommt ihr gleich noch ein Muster gratis in eure Mütze. Dieses Muster, nämlich die Streifen vom Zusammenstricken, bleibt euch bei einer zusammengenähten Muster erspart. Für solch eine Mütze braucht ihr wieder einen Anschlag von ca. 100 Maschen; hier solltet ihr aber wieder Randmaschen stricken. Alles weitere ist nicht schlimm. Ihr strickt erst ein Stück gerade hoch (soviel ihr wollt), und dann müßt ihr pro Reihe 4 Maschen abnehmen. Das macht ihr am besten am Anfang und am Ende der Reihe, da es da nicht so auffällt, weil die Naht dort ist. Wenn ihr nur noch eine Masche auf der Nadel habt, schneidet ihr den Faden ab und zieht ihn durch diese Masche. Dann näht ihr die Mütze zusammen und vernäht alle Fäden. Schon werden die grauen Zellen schön gewärmt!

d) Muster

Strickschriften
Strickschriften sollen das Stricken von Mustern erleichtern. Sie werden immer von rechts nach links und von unten nach oben bearbeitet.

r = rechte Masche
l = linke Masche
U = Umschlag
↗ = zwei Maschen rechts zusammenstricken
a = eine Masche abheben
ü = überziehen
r | ↗U | r = Sollte euch so etwas begegnen, bedeutet das, daß die rechte Masche (1) nur am Anfang gestrickt wird und nur das, was zwischen den beiden senkrechten Strichen steht, wiederholt wird; danach kommt die rechte Masche (2) als letzte Masche der Reihe vor.

Flache Rippen:

l l l r r r r r r
l l l l l l l r r r

Korbmuster:

```
r r r r r l l l l l
r r r r r l l l l l
r r r r r l l l l l
r r r r r l l l l l
r r r r r l l l l l
r r r r r l l l l l
l l l l l r r r r r
l l l l l r r r r r
l l l l l r r r r r
l l l l l r r r r r
l l l l l r r r r r
l l l l l r r r r r
```

★

Schrägstreifen:

```
r l l l l
r r r l r
l l r l l
r l r r r
l l l l r
r r r r l
l r l l l
r r l r r
l l l r l
l r r r r
```

Schräges Durchbruchmuster

```
l l l l l
|↗U| r r
l l l l l
|↗U|   r
```

★

Rhombenmuster:

```
l r l l l l l r
r l r r r l r r
l l l r l r l l
r r r l r r r r
l l l r l r l l
r l r r r l r r
l r l l l l l r
r r r r r r r l
```

Türkisches Muster:

ü r a U

Stricken mit Bouclé

Das ist ein Muster, das mehr oder weniger ungewollt entsteht, d. h. eigentlich ohne euer Zutun. Ihr strickt einfach glatt rechts (eine Reihe rechts, eine Reihe links) mit Bouclégarn. Das ist ein Garn, das unterschiedlich dick ist.

Bündchenmuster

Dieses Muster kennt ihr ja bereits von den Anleitungen. Eine Möglichkeit besteht darin, daß ihr eine Masche rechts, eine Masche links abwechselnd strickt. Die zweite Möglichkeit ist dann, zwei bzw. drei Maschen rechts, zwei bzw. drei Maschen links abwechselnd zu stricken. Hier müßt ihr aber aufpassen, daß ihr die passende Anzahl von Maschen habt, d. h. daß das Muster am Ende aufgeht.

Flache Rippen

Dieses Muster ist für Jacken gut geeignet. Die angeschlagene Maschenzahl muß durch zehn teilbar sein, und ihr braucht noch zwei Maschen für die Randmaschen. Für eine Jacke sollte man nicht gleich mit dem Muster ins Haus fallen, sondern erst ein Bündchen stricken. Nach dem Bündchen strickt ihr die erste Reihe folgendermaßen: 7 Maschen rechts, 3 Maschen links abwechselnd (vergeßt die Randmaschen nicht!). Die Rückreihe strickt ihr dann 7 Maschen links und 3 Maschen rechts. Das geht immer so weiter, bis die Reihe fertig ist. Die nächste Reihe strickt ihr wie die erste, die übernächste Reihe wie die Rückreihe und immer so weiter, bis euer Strickstück vollendet ist.

Korbmuster
Für dieses Muster muß die Maschenzahl durch zehn teilbar sein; vergeßt aber nicht zwei Maschen extra für die Randmaschen!

In der ersten Reihe strickt ihr 5 rechte, 5 linke Maschen abwechselnd. Bei der Rückreihe (= zweite Reihe) macht ihr es genauso: 5 rechte, 5 linke Maschen abwechselnd. Die dritte, vierte, fünfte, sechste Reihe geht wie die erste Reihe.

Achtung: Nun kehrt marsch! Die siebte Reihe beginnt mit 5 linken Maschen, dann 5 rechte usw. Die achte, neunte, zehnte, elfte und zwölfte Reihe werden genauso gestrickt wie die siebte Reihe, nämlich 5 linke und 5 rechte Maschen abwechselnd. Die dreizehnte bis achtzehnte Reihe strickt ihr wieder wie die erste Reihe, die neunzehnte bis vierundzwanzigste Reihe wie die siebte Reihe. Danach geht's wieder von vorne los. Wenn ihr einmal so weit gekommen seid, dürftet ihr das Muster schon durchschaut haben.

Rhombenmuster
Für dieses Muster muß die Maschenzahl durch 8 teilbar sein. Aber auch hier dürft ihr nicht vergessen, zwei Maschen extra für die Randmaschen anzuschlagen.

Die 1. Reihe strickt ihr 1 Masche links, 7 Maschen rechts abwechselnd.

Die 2. und 8. Reihe strickt ihr 1 Masche rechts, 5 Maschen links, 1 Masche rechts, 1 Masche links; wenn ihr diese 8 Maschen gestrickt habt, beginnt ihr wieder mit 1 Masche rechts, 5 Maschen links usw., bis die Reihe endlich nach langer Anstrengung geschafft ist.

Die 3. und 7. Reihe strickt ihr 2 Maschen rechts, 1 Masche links, 3 Maschen rechts, 1 Masche links, 1 Masche rechts usw.

Die 4. und 6. Reihe müßt ihr dann 2 Maschen links, 1 Masche rechts, 1 Masche links, 1 Masche rechts und 3 Maschen links stricken. Das Wiederholen bis zum Ende der Reihe bleibt euch auch bei diesen Reihen nicht erspart.

Die 5. Reihe strickt ihr 4 Maschen rechts, 1 Masche links und 3 Maschen rechts. Auch dies wiederholt ihr bis zum Ende der Reihe.

Wenn ihr nun die 8. Reihe fertig habt, beginnt ihr wieder bei dem Muster der ersten Reihe und strickt immer so weiter, bis z. B. euer Pulli fertig ist.

Schrägstreifen
Die angeschlagene Maschenzahl muß durch 5 teilbar sein. Dazu kommen noch zwei extra Maschen für die Randmaschen.

Die 1. Reihe strickt ihr 4 Maschen rechts, 1 Masche links abwechselnd.

Die 2. Reihe müßt ihr 1 Masche links, 1 Masche rechts und 3 Maschen links stricken.

Die 3. Reihe strickt ihr 2 Maschen rechts, 1 Masche links und 2 Maschen rechts.

Die 4. Reihe strickt ihr 3 Maschen links, 1 Masche rechts, 1 Masche links.

Die 5. Reihe strickt ihr 1 Masche links, 4 Maschen rechts abwechselnd.

Die 6. Reihe strickt ihr 1 Masche rechts, 4 Maschen links abwechselnd.

Die 7. Reihe müßt ihr 3 Maschen rechts, 1 Masche links, 1 Masche rechts stricken.

Die 8. Reihe besteht aus 2 Maschen links, 1 Masche rechts und 2 Maschen links.

Die 9. Reihe strickt ihr 1 Masche rechts, 1 Masche links und 3 Maschen rechts.

Die 10. Reihe schließlich müßt ihr 4 Maschen links und 1 Masche rechts stricken.

So, nun sind wir aber noch nicht fertig! Wenn ihr die 10. Reihe gestrickt habt, beginnt ihr wieder mit dem Muster der 1. Reihe.

Riffelmuster

Die Maschenanzahl für dieses Muster muß durch 3 teilbar sein (+ 2 Randmaschen).

In der 1. Reihe strickt ihr die ersten 2 Maschen rechts zusammen, laßt sie aber auf der linken Nadel, und dann strickt ihr aus der ersten Masche der beiden noch mal eine rechte Masche, und endlich hebt ihr die zwei Maschen auf die rechte Nadel. Dann folgt eine normale rechte Masche, und danach geht es wieder von vorne los. So quält ihr euch nun durch die ganze Reihe.

Die 2. Reihe (Rückreihe) strickt ihr mit linken Maschen ab.

In der 3. Reihe beginnt ihr mit einer rechten Masche; die nächsten zwei Maschen strickt ihr zusammen, laßt sie auf der linken Nadel, strickt aus der ersten der beiden Maschen noch eine rechte Masche heraus und hebt die zwei Maschen auf die rechte Nadel. Dann kommt wieder eine rechte Masche usw.

Die 4. Reihe ist wieder erholsam: nur linke Maschen.

Nach der 4. Reihe wiederholt ihr das Muster der 1. Reihe, dann wieder eine Reihe linke Maschen, dann das Muster der 3. Reihe und wieder eine Reihe linke Maschen.

Schräges Durchbruchmuster
Dieses Muster eignet sich besonders für Sommerpullis, Tops und Tücher, da es sich hierbei um ein Lochmuster handelt.

Die angeschlagene Maschenzahl muß durch 2 teilbar sein.

Bei diesem Muster kommt gleich noch etwas Neues dazu, und zwar der *Umschlag*. Das hört sich jetzt wahrscheinlich schlimmer an, als es ist. Ihr holt den Faden unter der rechten Nadel von hinten nach vorne durch und legt ihn über die rechte Nadel wieder nach hinten, schon ist der Umschlag fertig. So schlimm war's doch gar nicht, oder?

Ihr strickt also in der 1. Reihe erst einmal eine rechte Masche, dann kommt der soeben erlernte Umschlag, und jetzt strickt ihr noch zwei Maschen rechts zusammen. Den Umschlag und die zwei zusammengestrickten Maschen strickt ihr jetzt so lange, bis ihr am Ende der Reihe nur noch eine Masche übrig habt (eigentlich zwei Maschen, denn eine muß auch noch für unsere heißgeliebte Randmasche herhalten). Diese Masche strickt ihr dann rechts ab. Schon habt ihr die 1. Reihe geschafft!

Die 2. Reihe ist dann sehr leicht, da ihr ja nun schon geübte Stricker seid. Sie besteht nämlich nur aus linken Maschen.

Die 3. Reihe beginnt ihr mit 2 rechten Maschen. Danach strickt ihr einen Umschlag und 2 Maschen rechts zusammen. Dann strickt ihr Umschlag und die beiden Maschen, die rechts zusammengestrickt werden, wieder bis zum Ende der Reihe.

In der 4. Reihe dürft ihr euch wieder mit linken Maschen erholen.

Wenn ihr die 4. Reihe beendet habt, beginnt ihr wieder von vorne, d. h., ihr strickt wieder das Muster der 1. Reihe.

Türkisches Muster
Auch dieses Lochmuster ist hauptsächlich für Sommerkleidung geeignet.

Die angeschlagene Maschenzahl muß durch 2 teilbar sein.

Ihr strickt jede Reihe gleich – das ist doch wirklich total einfach! Also, ihr strickt 1 Umschlag, hebt 1 Masche ab (d. h., ihr strickt sie nicht ab), strickt 1 Masche rechts ab und zieht die abgehobene Masche über die rechts abgestrickte Masche über. Das macht ihr bis zum Ende der Reihe so, und in jeder weiteren Reihe wiederholt ihr dieses Muster. Eigentlich kann doch gar nichts dabei schiefgehen, oder?

Spitzenrippen
Auch hier handelt es sich um ein Lochmuster.

Die Maschenzahl muß durch 7 teilbar sein, plus 4 Maschen (2 davon für die Randmaschen).

Die 1. Reihe bildet hier eigentlich die linke Seite, doch diese ist ebenso hübsch wie die rechte Seite. Ihr könnt euch also aussuchen, welche Seite ihr als rechte Seite verwenden wollt. Ihr strickt in der 1. Reihe 2 Maschen links ab, dann kommt der sogenannte Rapport (d. h., das angegebene Muster wird bis zum Ende der Reihe wiederholt): Ihr macht einen Umschlag, dann hebt ihr 1 Masche ab, strickt 1 Masche rechts, zieht die abgehobene Masche über die soeben rechts abgestrickte Masche, strickt wieder 1 rechte Masche, dann strickt ihr 2 Maschen rechts zusammen, danach macht ihr wieder einen Umschlag und strickt noch zwei linke Maschen. Dieser Rapport wird also bis zum Ende der Reihe wiederholt.

Die 2. Reihe strickt ihr abwechselnd 2 Maschen rechts, 5 Maschen links, bis ihr nur noch 3 Maschen auf der Nadel habt. Dann strickt ihr 2 Maschen rechts und die Randmasche. Nun habt ihr auch schon die 2. Reihe geschafft.

In der 3. Reihe strickt ihr erst 2 Maschen links, und jetzt kommt wieder der Rapport: Ihr strickt 1 rechte Masche, macht einen Umschlag, hebt 1 Masche ab, dann strickt ihr 2 Maschen rechts zusammen und hebt die abgehobene Masche über die beiden zusammengestrickten Maschen, danach macht ihr wieder einen Umschlag, strickt 1 rechte Masche und zwei linke Maschen.

Die 4. Reihe hat das gleiche Muster wie die zweite.

Nach der 4. Reihe beginnt ihr wieder mit dem Muster der 1. Reihe. Achtet dabei immer schön darauf, daß ihr nur das wiederholt, was auch im Rapport angegeben ist.

Einfache Zopfrippen

Die angeschlagene Maschenzahl muß durch 7 teilbar sein, plus 5 Maschen (2 Maschen für unsere Randmaschen).

In der 1. Reihe besteht der Rapport aus 3 linken Maschen und 4 rechten Maschen. Am Ende der Reihe strickt ihr dann 3 linke Maschen.

Der Rapport der 2. Reihe: 3 rechte Maschen, 4 linke Maschen. Am Ende der Reihe strickt ihr 3 rechte Maschen.

Die 3. Reihe hat das gleiche Muster wie die 1. Reihe.

Die 4. und 6. Reihe haben das gleiche Muster wie die 2. Reihe.

Der Rapport der 5. Reihe besteht aus 3 linken Maschen, dann legt ihr die nächsten 2 Maschen auf einer Hilfsnadel vor die Arbeit, strickt 2 rechte Maschen und die 2 Maschen von der Hilfsnadel auch wieder rechts ab. Am Ende der Reihe strickt ihr 3 linke Maschen.

Der Rapport ist immer ein Zopf. Ihr könnt also wählen, ob ihr das ganze Stück durch Zöpfe stricken wollt, nur ein paar Zöpfe oder vielleicht auch nur einen

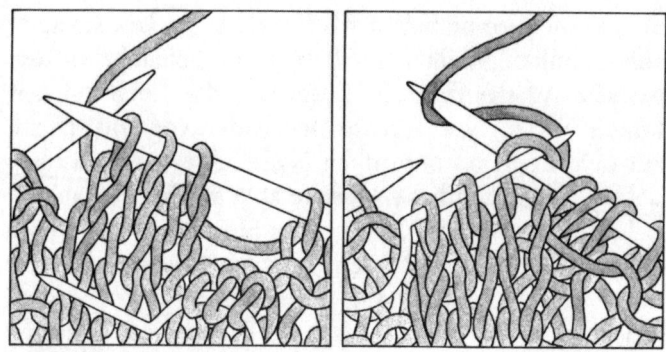

Einfache Zopfrippen

Zopf. Ihr solltet aber vor und nach jedem Zopf mindestens 3 linke Maschen stricken. Ebenso könnt ihr auch einen dickeren Zopf stricken; dann müßt ihr eben mehr Maschen für einen Zopf verwenden.

Noppen
Für Noppen – das sind kleine Knötchen, die ihr gleich mitstrickt – braucht ihr etwas stärkere Nerven. Trotzdem sind sie zu schaffen. Ihr habt wieder die Qual der Wahl, wie groß ihr diese Noppen machen wollt, wie viele und wie angeordnet. Im Grunde genommen könnt ihr aber Noppen an jeder Stelle und in jeder Größe machen.

Doch nun erst mal eine ganz normale Durchschnittsnoppe: Ihr strickt aus einer Masche 4 Maschen rechts und links abwechselnd heraus. Kein Wort verstanden, oder? Also, zum Mitstricken: Ihr strickt die Masche, in der ihr die Noppe haben wollt, rechts ab, laßt sie aber auf der linken Nadel. Dann habt ihr die Schlaufe von der Masche auf der rechten Nadel und das Loch auf der linken Nadel. Nun legt ihr den Faden vor und strickt aus dem Loch auf der linken Nadel eine linke Masche, hebt die ursprüngliche Masche aber noch nicht ab.

Jetzt legt ihr den Faden wieder hinter die Arbeit und strickt aus derselben Masche noch eine rechte und eine linke Masche. Jetzt habt ihr aus einer Masche vier Maschen gemacht. Nun dreht ihr das ganze Strickzeug und strickt *diese* vier Maschen rechts ab, dreht die Arbeit wieder um und strickt alle vier Maschen zusammen. Brecht euch aber nicht die Finger! So, nun habt ihr aus vier Maschen wieder eine gemacht. Die Noppen könnt ihr entweder mit mehr Maschen machen, oder ihr strickt sie mehrere Reihen hoch; doch das bleibt wirklich euch überlassen.

Häkeln

Für die unter euch, denen der Kampf mit zwei oder mehr Nadeln über den Kopf wächst, hätten wir etwas Passendes: Häkeln.

a) Was man braucht

Zum Häkeln benötigt ihr nicht sehr viel, eigentlich nur Wolle und eine Häkelnadel. Häkelnadeln gibt es in verschiedenen Stärken (= Dicke) und Ausführungen. Es gibt Nadeln, die ganz aus Metall sind, und Nadeln mit Plastikgriff; diese liegen unserer Meinung nach besser in der Hand, zumindest wenn ihr eine größere Häkelarbeit plant.

Bei der Wolle werdet ihr wieder vor die Qual der Wahl gestellt. Die Wolle, die ihr euch aussucht, sollte zu eurem geplanten Meisterwerk passen, d. h., für ein Deckchen oder einen luftigen Sommerpulli solltet ihr ein dünnes Baumwollgarn nehmen und für eine Bettüberdecke oder eine Jacke vielleicht besser eine schöne dicke Wolle. Die Nadelstärke richtet sich dann nach der Wolle, die ihr verwendet.

Günstig wäre es auch, wenn ihr eine Nähnadel in erreichbarer Nähe hättet, damit ihr am Schluß die übriggebliebenen Fäden eures Meisterwerkes vernähen könnt.

b) Grundtechnik

Bevor ihr euch gleich ins Getümmel der verschiedenen Häkelmuster stürzt, solltet ihr euch erst einmal mit den Grundzügen der Häkelkunst vertraut machen.

Den Anfang machen die **Luftmaschen,** die ihr für den Anfang jeder Häkelei braucht. Nehmt den Fadenanfang in die rechte Hand, und legt den Faden zwischen den kleinen und den Ringfinger der linken Hand; der Faden auf dem Handrücken muß aber zum Knäuel führen. Dann legt ihr den Fadenanfang zwischen Mittel- und Zeigefinger, so daß beide Fäden parallel auf dem Handrücken liegen. Durchhalten, gleich ist es geschafft! Wickelt nun den Fadenanfang einmal – gegen den Uhrzeigersinn – um den Zeigefinger und drückt den Fadenanfang mit dem Daumen gegen Mittel- und Ringfinger. Ganz zum Schluß legt ihr nur noch den Fadenanfang – im Uhrzeigersinn – einmal um den Daumen und drückt den Rest vom Fadenanfang mit Mittel-, Zeige- und kleinem Finger an die Handfläche. Nun geht's los!

Nehmt die Häkelnadel in die rechte Hand. Stecht von unten durch die Schlaufe, die sich auf der Rückseite des Daumens gebildet hat, holt den Faden, der zum Zeigefinger läuft, und zieht ihn durch die Schlaufe. Nun muß nur noch der Daumen aus der Schlaufe, und ihr müßt beide Fäden anziehen. Seht ihr, keine halbe Stunde

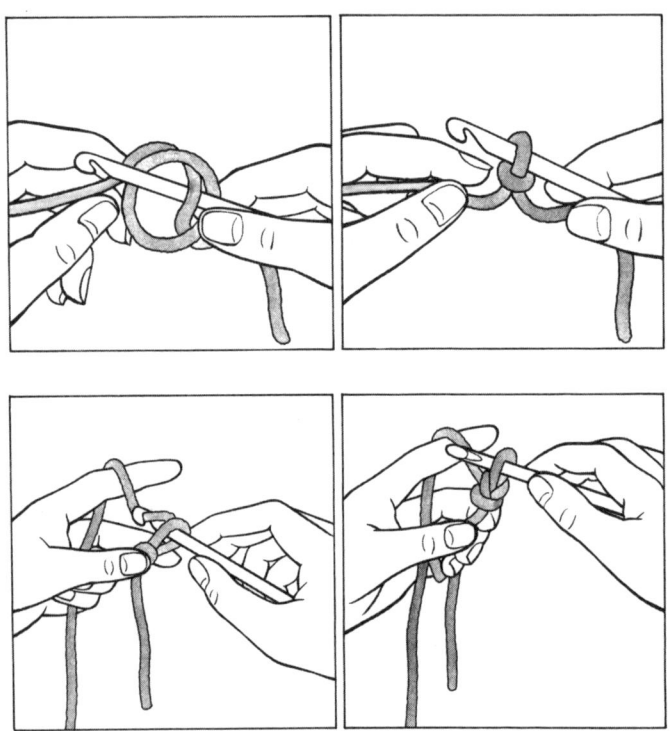

Luftmaschen

später, und schon habt ihr eure erste mühsam erworbene Masche fertig!

Jetzt geht's weiter: Ihr müßt den Faden nicht mehr um den Daumen legen, sondern mit dem linken Daumen gegen den linken Mittelfinger drücken (kurz unter der Masche).

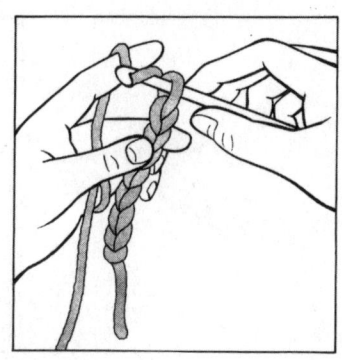

Luftmaschen

Achtung, jetzt droht euch die zweite Luftmasche! Führt die Nadel von vorne unter dem gespannten Faden (zwischen Zeigefinger und Daumen) nach hinten, holt den Faden mit dem Häkchen und zieht ihn durch die erste Masche – schon hätten wir die zweite Masche. Die dritte Masche bekommt ihr genauso wie die zweite: Faden holen und durch die vorherige Masche ziehen. Nun versucht das ein paarmal, bis euch die ganze Angelegenheit nicht mehr so unheimlich ist. Wenn alles klar ist, geht's gleich weiter mit festen Maschen, denn mit Luftmaschen allein werdet ihr zu keinem Häkelteil kommen.

Feste Maschen sind, wie ihr euch wahrscheinlich denken könnt, recht fest und daher gut für Pullis oder Mützen. Erst mal nehmt ihr eure Luftmaschenkette so, daß sie über Mittel-, Ring- und kleinen Finger der linken Hand läuft. Dann stecht ihr mit eurer Häkelnadel von vorn in die vorletzte Luftmasche ein, holt den

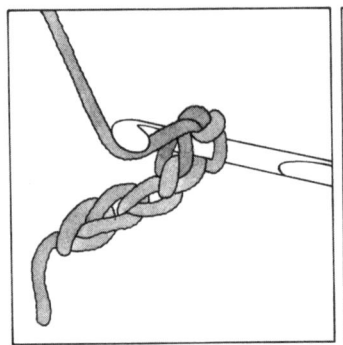 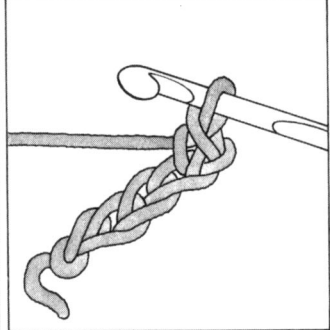

Feste Maschen

Faden und zieht ihn durch. Dann habt ihr hoffentlich zwei Maschen auf eurer Häkelnadel. Wenn nicht, stimmt was nicht! Nun holt ihr noch mal den Faden und zieht ihn durch beide Maschen, die auf der Nadel sind. Jetzt ist alles wieder in bester Ordnung: Ihr habt nur noch eine Masche auf der Nadel, und die erste feste Masche wäre auch geschafft – ist das nicht schön? Jetzt stecht ihr gleich wieder mit der Häkelnadel in die nächste Luftmasche ein, holt wieder den Faden, zieht ihn durch die Masche, holt wieder den Faden und zieht ihn wieder durch beide Maschen, die auf der Nadel sind. So geht das immer weiter, bis auf jeder Luftmasche eine feste Masche ist. Wenn ihr aber die nächste Reihe häkeln wollt, solltet ihr eine Luftmasche machen, bevor ihr loslegt, sonst zieht sich euer Meisterwerk an den Enden zusammen.

Wenn ihr bis hierhin gekommen seid, steht eurer Häkelkarriere so gut wie nichts mehr im Weg. Übt aber lieber noch ein paar Reihen feste Maschen, bevor ihr euch von allen anderen Maschen ins Chaos bringen laßt!

Na, könnt ihr die festen Maschen jetzt schon im Schlaf? Dann ist es aber höchste Zeit, euch etwas Neues vorzusetzen! Keine Angst, ihr werdet damit schon fertig werden.

Nun steht euch das **halbe Stäbchen** bevor. Wenn ihr diese kleinen Ungeheuer gleich in der nächsten Reihe ausprobieren wollt, solltet ihr am Ende der Reihe zwei Wendeluftmaschen machen (die halben Stäbchen werden etwas höher als die festen Maschen). Dann kann es aber wirklich losgehen: Bevor ihr in die erste Masche einstecht, müßt ihr erst mal den Faden um die Nadel wickeln (oder umgekehrt, das bleibt euch überlassen), dann stecht ihr in die Masche ein, holt den Faden, zieht ihn durch die Masche, und dann müßtet ihr eigentlich drei Schlaufen auf der Häkelnadel haben – es werden

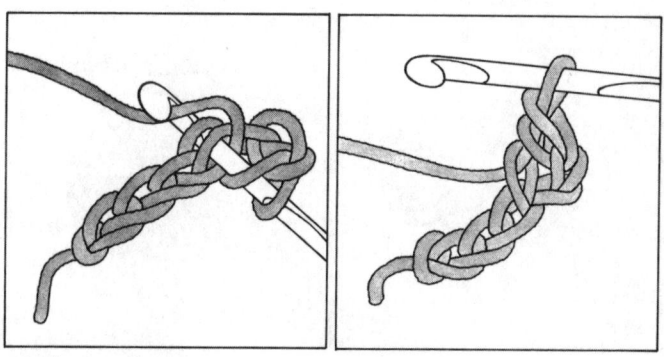

Halbe Stäbchen

immer mehr! Nun holt ihr noch mal den Faden und zieht ihn durch alle drei Maschen auf einmal, dann habt ihr nur noch eine auf der Nadel. Und gleich noch einmal, weil's gar so nett war: Faden holen, einstechen, Faden holen und durchziehen, Faden holen und durch alle drei Schlaufen auf einmal ziehen.

Wenn ihr das halbe Stäbchen bewältigt habt, wird euch das **normale Stäbchen** keine Unannehmlichkeiten bereiten. Der Anfang ist gleich: Ihr holt den Faden und stecht in die Luftmasche. Dann holt ihr wieder den Faden und zieht ihn durch die Masche. Schon habt ihr wieder drei Maschen auf der Nadel. Nun holt ihr noch mal den Faden, zieht ihn aber nur durch zwei Schlaufen, so daß ihr noch zwei auf der Nadel habt. Nun holt ihr den Faden noch mal und zieht ihn durch die zwei übriggebliebenen Maschen. (War gar nicht so schlimm, oder?) Jetzt noch mal in der Kurzfassung (wer will, zum

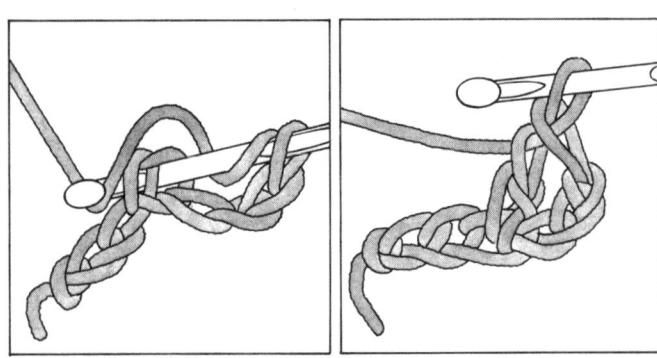

Normale Stäbchen

Auswendiglernen): Faden holen, einstechen, Faden holen und durchziehen, Faden holen und durch zwei Maschen ziehen und noch mal Faden holen und durch zwei Maschen ziehen. Fertig!? Wenn ihr so weitermacht, könnt ihr bald mehr als wir. Bei den normalen Stäbchen braucht ihr am Ende der Reihe drei Wendeluftmaschen, bevor es mit der nächsten Reihe weitergehen kann.

Für diejenigen unter euch, denen das einfache Stäbchen noch zu klein ist, kommt jetzt genau das Richtige: das **Doppelstäbchen.** Nun wird es aber fast kriminell, also holt vorher noch mal tief Luft.

Der Unterschied zum normalen Stäbchen ist nicht sehr groß, ihr müßt nur, bevor ihr in die Masche einstecht, den Faden *zweimal* um die Nadel wickeln. Dann stecht ihr – wie gewohnt – in die Masche ein, holt den Faden und zieht ihn durch und ... ja, genau, ihr

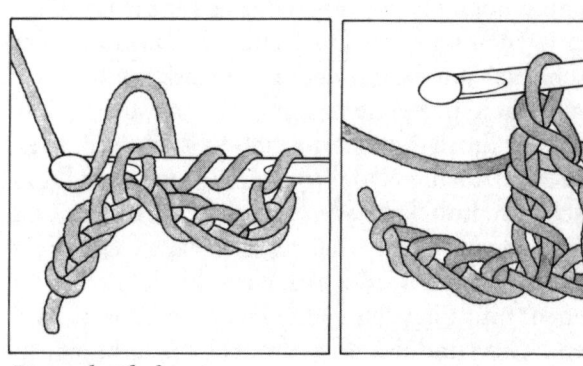

Doppelstäbchen

habt vier Schlaufen auf eurer Häkelnadel (hoffen wir zumindest)! Nun holt ihr den Faden und zieht ihn durch die ersten zwei Maschen, dann sind es – nur noch! – drei Schlaufen. Sofort – aber schnell – holt ihr wieder den Faden, zieht ihn wieder durch die nächsten zwei Maschen (habt dann hoffentlich nur noch zwei auf der Nadel), holt den Faden noch mal und zieht ihn durch die letzten zwei Maschen.

Na, wer hat das jetzt verstanden? Du?! Dann hast du fast eine Traumreise in die Waschmaschine gewonnen!

Jetzt das Ganze aber noch mal in der Kurzfassung für die Eiligen: Faden zweimal um die Nadel wickeln, einstechen, Faden holen und durchziehen, Faden holen und durch zwei Maschen ziehen – und das dreimal hintereinander. Jetzt kommt noch eine kleine Besonderheit des Doppelstäbchens: Beim Wechsel der Reihen solltet ihr vier (ja, stimmt schon, ganze vier) Wendeluftmaschen machen.

Zum Schluß noch etwas Ausgefallenes für die Größenwahnsinnigen unter euch. Doch auch ein ganz normaler Durchschnittshäkler kann damit zurechtkommen: das **Dreifachstäbchen**. Bei dem geht es schon richtig zünftig los. Bevor ihr in die Masche einstecht, müßt ihr den Faden dreimal um die Nadel wickeln. Dann stecht ihr in die Masche ein, holt den Faden und zieht ihn durch, und schon habt ihr fünf Schlaufen auf der Nadel. Um diese fünf Schlaufen auch wieder von eurer Nadel runter zu bekommen, müßt ihr den Faden holen und durch zwei Maschen ziehen und das noch dreimal wiederholen. In der Kurzform (die auch immer länger wird): dreimal

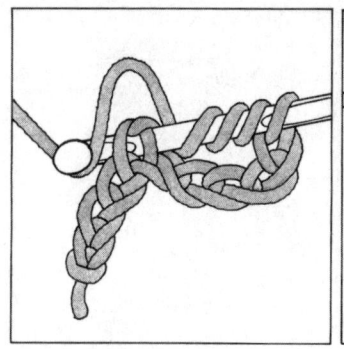 

Dreifachstäbchen

Faden um die Nadel, einstechen, Faden holen und durchziehen, viermal Faden holen und durch zwei Maschen ziehen.

Das Dreifachstäbchen hat aber noch eine kleine Überraschung für euch vorbereitet: Beim Reihenwechsel braucht ihr fünf Wendeluftmaschen!

Wenn ihr bis hierhin folgen konntet, ohne daß die Häkelnadel verbogen oder die Finger gebrochen sind, kann es bald ans Werk gehen. Doch sollten wir euch einige kleine Tricks nicht vorenthalten. So zum Beispiel die **Kettmasche**. Diese exotische Unterart der festen Masche wird vor allem beim Häkeln in der Runde (= immer im Kreis rum) gebraucht. So habt ihr z. B. zehn Luftmaschen und wollt diese zusammenbekommen. Dazu stecht ihr in die erste Luftmasche ein, holt den Faden und zieht ihn durch die Luft- und die Ausgangsmasche auf einmal. Das ist zwar etwas nervtötend, weil

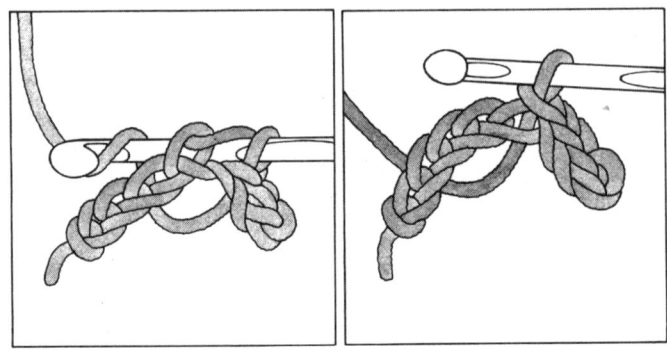

Kettmasche

sich der Faden oft selbständig macht, jedoch recht wirksam.

Da ist aber noch etwas, was wir euch verraten wollen: das **Anhäkeln**. Falls ihr also in die peinliche Situation kommen solltet, daß euch mitten im Häkelteil der Faden ausgeht, dann muß euch nicht gleich die Panik packen. Wir haben eine Lösung parat: Nehmt einfach einen neuen Knäuel Wolle und legt das Fadenende des alten Knäuels mit dem Fadenanfang des neuen Knäuels zusammen. Dann häkelt drei oder vier Maschen, vernäht das Fadenende des alten Knäuels und häkelt mit dem neuen Wollknäuel weiter.

STRICKEN

Oben: Bündchenmuster — S. 43
Unten: flache Rippen — S. 43

Oben: Korbmuster — S. 44
Unten: Rhombenmuster — S. 44

Oben: Schrägstreifen — S. 45
Unten: Riffelmuster — S. 46

Oben: einfache Zopfrippen — S. 50
Unten: Noppen — S. 51

c) Praktische Anwendung

Es geht ganz einfach los mit einer **Patchwork-Bettüberdecke.**
Dafür braucht ihr insgesamt ca. 1000 g Wolle der Stärke 3 bis 3 ½ und eine dazu passende Häkelnadel. Die Wolle kann ruhig unterschiedlich gefärbt sein, das macht die Decke etwas flotter und ist auch angenehmer zu häkeln. Wenn ihr nämlich die ganze Zeit die gleiche Wolle seht, gefällt sie euch am Schluß nicht mehr.

Schon kann's losgehen! Sucht euch das sympathischste Wollknäuel raus und schlagt 40 Luftmaschen an, dann häkelt ihr am besten mit halben oder mit normalen Stäbchen ein Quadrat. Das sind ungefähr 20 cm. Aber, Achtung! Vergeßt die Wendeluftmaschen nicht! Das ist eigentlich schon alles. Nun müßt ihr nur noch so viele Quadrate häkeln, bis euch die Lust ausgeht (aber bitte nicht schon nach zehn Stück!). Wenn ihr meint, daß ihr genug Quadrate habt (es müßten ca. 28 werden, wenn die Decke 120 cm × 210 cm groß werden soll), dann geht die eigentliche Arbeit los, das Fadenvernähen, das heißt pro Quadrat mindestens zwei Fäden! Aber auch das wird vorübergehen. Nun könnt ihr euch bald die Füße wärmen; es müssen „nur noch" die Quadrate zusammengehäkelt werden. Dies bewältigt ihr am besten mit festen Maschen. Also, durchhalten! Ihr bereut es bestimmt nicht!

Spitzendeckchen
Für die etwas Zarteren unter euch, die von diesem Ewigkeitswerk verschreckt worden sind, gibt es nun ein kleines Spitzendeckchen, das ihr auch auf ein Kissen aufnähen könnt. Nun wird in der Runde gehäkelt – und alle Teile einzeln!

Ihr braucht ungefähr 100 g dünne Baumwolle (das reicht für drei Quadrate) der Stärke 2 ½ bis 3 und eine Häkelnadel. Schon könnt ihr euch hinter die Nadel klemmen.

Zuerst macht ihr 4 Luftmaschen und schließt die mit einer Kettmasche zur Runde. Dann häkelt ihr wieder 3 Luftmaschen und dann 2 Stäbchen (für die Stäbchen stecht ihr in die Runde ein). Nun folgen 3 Luftmaschen, 3 Stäbchen (in die Runde), 3 Luftmaschen, 3 Stäbchen, 3 Luftmaschen, 3 Stäbchen, 3 Luftmaschen und dann eine Kettmasche, mit der ihr die letzten 3 Luftmaschen mit der ersten Stäbchengruppe verbindet.

Wie ihr wahrscheinlich schon gemerkt habt, häkelt ihr im Kreis – das ist auch vollkommen in Ordnung! So, jetzt geht's an die nächste Runde: Zuerst 3 Luftmaschen und dann 5 Stäbchen in die 2 Stäbchen der unteren Reihe. Dann 3 Luftmaschen und 6 Stäbchen (in die 3 Stäbchen der unteren Reihe). Dann wieder 3 Luftmaschen, 6 Stäbchen, 3 Luftmaschen, 6 Stäbchen, 3 Luftmaschen und eine Kettmasche, um die Runde zu schließen. Langsam, aber sicher nimmt das erste Deckchen Formen an, nicht wahr? Also, tapfer durchhalten, und auf zur nächsten Runde, die etwas kompliziert wird.

Los geht es diesmal mit 4 Luftmaschen, dann 1 Stäbchen in das darunterliegende, 1 Luftmasche, 1

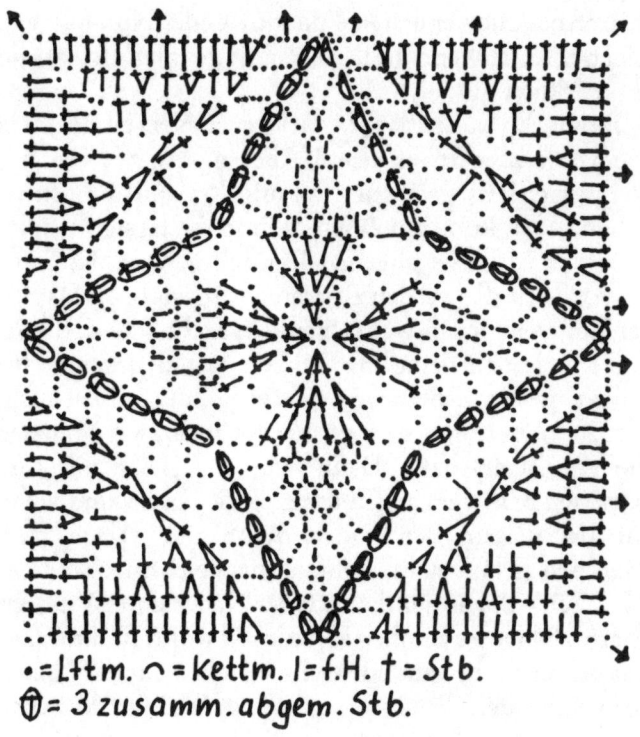

• = Lftm. ⌒ = Kettm. I = f.H. † = Stb.
⊕ = 3 zusamm. abgem. Stb.

Stäbchen, 1 Luftmasche, 1 Stäbchen, immer so weiter, bis ihr 5 Stäbchen habt (sie schauen aus wie 6, aber das erste sind 4 Luftmaschen). Dann kommen 5 Luftmaschen, danach 6 Stäbchen mit immer 1 Luftmasche dazwischen (in die darunterliegende Stäbchengruppe). Weiter geht's dann wieder mit 5 Luftmaschen, 6 Stäbchen mit je einer Luftmasche dazwischen, 5 Luftmaschen, 6 Stäbchen mit den Luftmaschen zwischendrin, 3 Luftmaschen und dann – Achtung! – ein Stäbchen in die

3. Luftmasche der ersten 4 dieser Runde. Nun holt erst mal tief Luft! Wenn ihr diese Runde geschafft habt, seid ihr wirklich gut.

Bevor ihr weitermacht, stärkt eure Nerven noch ein wenig, jetzt wird es ernst! Aber nichts wie rein ins Vergnügen! Es geht ganz harmlos an mit 3 Luftmaschen, dann kommen 2 Stäbchen in die letzte Luftmasche der vorhergegangenen Runde (nicht in das Stäbchen), doch alle werden zusammen *abgemascht*. Darunter könnt ihr euch wahrscheinlich nicht sehr viel vorstellen, deshalb jetzt das Ganze etwas deutlicher: Ihr häkelt das erste Stäbchen wie gewohnt, jedoch nicht fertig, sondern nur so weit, bis ihr noch zwei Maschen auf der Nadel habt. Dann fangt ihr gleich mit dem nächsten Stäbchen an (in das gleiche Loch), und wenn ihr bei diesem den Faden durch die letzten zwei Maschen ziehen wollt, zieht ihr ihn gleich durch die vier Maschen – die hoffentlich auf der Nadel sind. Wenn ihr drei Stäbchen zusammen abmaschen wollt, funktioniert das genauso; ihr habt nur sechs Maschen auf der Nadel, bevor ihr den Faden endgültig durch alle Maschen durchzieht.

Aber jetzt geht's wieder mit dem Deckchen weiter. Bis jetzt habt ihr in der 5. Runde 3 Luftmaschen und zwei zusammen abgemaschte Stäbchen. Nun folgen, wie könnte es anders sein, 4 Luftmaschen. Doch nun kommt was Neues: 1 feste Masche in die Luftmasche vor dem ersten echten Stäbchen in der unteren Reihe. Dieser festen Masche folgen 3 Luftmaschen und dann wieder 1 feste Masche (zwischen das erste und zweite echte Stäbchen der unteren Reihe). Selbstverständlich kommen jetzt wieder 3 Luftmaschen, dann wieder 1 feste Masche usw., bis ihr 5 feste Maschen habt mit jeweils 3 Luftmaschen dazwischen. Gleich geht's weiter mit 4 Luftmaschen, dann kommen 3 zusammen abgemaschte Stäbchen in die mittlere der 5 darunterliegenden Luftmaschen. Sofort kommen wieder 5 Luftmaschen und gleich noch mal 3 zusammen abgemaschte Stäbchen (in die gleiche Masche wie die letzten 3). So, wenn ihr soweit mit eurer Häkelnadel gekommen seid, dann kann euch nichts mehr passieren, denn das Schlimmste ist geschafft.

Weiter geht's mit 4 Luftmaschen, und dann kommen schon wieder 5 feste Maschen mit je 3 Luftmaschen dazwischen. Nun beginnt das Drama wieder: 4 Luftmaschen, 3 zusammen abgemaschte Stäbchen (in die mittlere der 5 darunterliegenden Luftmaschen), 5 Luftmaschen, wieder 3 zusammen abgemaschte Stäbchen (in das gleiche Loch wie die letzten Stäbchen) und noch mal 4 Luftmaschen.

Was nun kommt, kennt ihr ja schon: 5 feste Maschen mit je 3 Luftmaschen dazwischen. Schon geht's weiter mit wieder 4 Luftmaschen, dann wieder 3 zusammen abgemaschte Stäbchen – wohin, das könnt ihr ja erraten, wenn nicht, schaut bei den letzten nach –, 5 Luftmaschen, wieder 3 zusammen abgemaschte Stäbchen und wieder 4 Luftmaschen.

Das Ganze ist ja eigentlich nicht schwer, nur etwas undurchsichtig! Aber gleich ist die Runde geschafft. Als nächstes kommen die uns bereits gut bekannten 5 festen Maschen mit je 3 Luftmaschen dazwischen, dann 4 Luftmaschen, 3 zusammen abgemaschte Stäbchen, 5

Luftmaschen und endlich: die Kettmasche, damit die Runde geschlossen wird.

Jetzt kommen nur noch fünf Runden, und schon ist das erste Deckchen fertig.

Die nächste Runde beginnt mit 3 Luftmaschen und 3 zusammen abgemaschten Stäbchen; diese sind dicht gefolgt von 4 Luftmaschen und 4 festen Maschen mit je 3 Luftmaschen dazwischen. Weiter geht's wieder mit 4 Luftmaschen, 3 zusammen abgemaschten Stäbchen, 5 Luftmaschen – und nun: 1 Stäbchen in die mittlere der darunterliegenden Luftmaschen und wieder 5 Luftmaschen, 3 zusammen abgemaschte Stäbchen und 4 Luftmaschen. Nun kommen 4 feste Maschen mit je 3 Luftmaschen zwischendrin, 4 Luftmaschen, 3 zusammen abgemaschte Stäbchen, 5 Luftmaschen und ein Stäbchen. Damit hättet ihr die Hälfte dieser Runde erfolgreich bewältigt. Nach dem Stäbchen kommen wieder 5 Luftmaschen, 3 zusammen abgemaschte Stäbchen und 4 Luftmaschen. Weiter geht's mit 4 festen Maschen mit je 3 Luftmaschen dazwischen, 4 Luftmaschen, 3 zusammen abgemaschten Stäbchen, 5 Luftmaschen und einem einzelnen Stäbchen. Durchhalten, gleich habt ihr auch diese Runde hinter euch gebracht! Bis zum Ende müßt ihr noch 5 Luftmaschen häkeln, dann wieder 3 zusammen abgemaschte Stäbchen, 4 Luftmaschen, 4 feste Maschen (mit je 3 Luftmaschen zwischendrin), 4 Luftmaschen, 3 zusammen abgemaschte Stäbchen, 5 Luftmaschen und ein Stäbchen. Doch nun Achtung: Nach dem Stäbchen kommen 5 Luftmaschen und dann erst die Kettmasche. Damit wäre auch diese Runde geschafft!

Die folgende Runde beginnt mit 3 Luftmaschen und gleich 2 zusammen abgemaschten Stäbchen. Dann folgen 4 Luftmaschen, 3 feste Maschen mit je 3 Luftmaschen dazwischen und 4 Luftmaschen. Als nächstes stehen euch dann 3 zusammen abgemaschte Stäbchen bevor und 5 Luftmaschen. Nun folgen 2 Stäbchen, 3 Luftmaschen und wieder 2 Stäbchen; die 4 Stäbchen müßt ihr alle in das darunterliegende Stäbchen quetschen. Dann kommen wieder 5 Luftmaschen, 3 zusammen abgemaschte Stäbchen und 4 Luftmaschen. Weiter geht's mit festen Maschen, 3 an der Zahl, mit je 3 Luftmaschen zwischendrin. Der Rest der Runde ist nun wohl nicht mehr schwer zu erraten: 4 Luftmaschen, 3 zusammen abgemaschte Stäbchen, 5 Luftmaschen, 2 Stäbchen – 3 Luftmaschen – 2 Stäbchen (in das Stäbchen der vorherigen Runde), 5 Luftmaschen und 3 zusammen abgemaschte Stäbchen.

Die nun kommende Gerade wird von 4 Luftmaschen, 3 festen Maschen mit je 3 Luftmaschen zwischendrin und weiteren 4 Luftmaschen bestritten. An der Ecke gibt's jetzt wieder 3 zusammen abgemaschte Stäbchen, 5 Luftmaschen, den Haufen von 2 Stäbchen – 3 Luftmaschen – 2 Stäbchen, 5 Luftmaschen und wieder 3 zusammen abgemaschte Stäbchen. Dreiviertel der Runde sind geschafft, also nichts wie weiter: 4 Luftmaschen, 3 feste Maschen mit je 3 Luftmaschen dazwischen, 4 Luftmaschen; und nun wieder die Ecke: 3 zusammen abgemaschte Stäbchen, 5 Luftmaschen, 2 Stäbchen – 3 Luftmaschen – 2 Stäbchen, und (endlich!) 5 Luftmaschen und eine Kettmasche.

Doch nun tapfer durchhalten, es kommen nur noch drei Runden.

Los geht's wie fast immer mit 3 Luftmaschen und zwei zusammen abgemaschten Stäbchen. Dann kommen 5 Luftmaschen, 2 feste Maschen mit 3 Luftmaschen dazwischen und noch mal 5 Luftmaschen. Nun wird wieder um die Ecke gehäkelt: zuerst 3 zusammen abgemaschte Stäbchen und 5 Luftmaschen und dann je 2 Stäbchen in die 2 Stäbchen der darunterliegenden Reihe, danach wieder 2 einzelne Stäbchen (in die darunterliegenden Luftmaschen), dicht gefolgt von 3 Luftmaschen. Weiter geht's mit 2 Stäbchen und 2 × 2 Stäbchen (immer 2 Stäbchen in 1 darunterliegendes). Schon ist eine Seite geschafft, gleich kommt die nächste: 5 Luftmaschen, 3 zusammen abgemaschte Stäbchen, 5 Luftmaschen, 2 feste Maschen (mit 3 Luftmaschen zwischendrin), wieder 5 Luftmaschen, 3 zusammen abgemaschte Stäbchen und noch mal 5 Luftmaschen. Jetzt ist wieder die Ecke an der Reihe: 2 × 2 Stäbchen, dann 2 einzelne, 3 Luftmaschen, 2 einzelne Stäbchen, 2 × 2 Stäbchen. Und schon geht's wieder los mit 5 Luftmaschen, 3 zusammen abgemaschten Stäbchen, weiteren 5 Luftmaschen. (Wer kann unseren Ausführungen eigentlich noch folgen?)

Nun sind wieder die festen Maschen am Zug, nämlich 2 mit 3 Luftmaschen zwischendrin, dann schon wieder 5 Luftmaschen, 3 zusammen abgemaschte Stäbchen und gleich noch mal 5 Luftmaschen. Schon ist die dritte Ecke da: 2 × 2 Stäbchen, 2 einzelne Stäbchen, 3 Luftmaschen, 2 einzelne Stäbchen und wieder 2 × 2 Stäbchen. Nun stehen euch wieder die ganzen Luftmaschen bevor: zuerst 5, dann 3 zusammen abgemaschte Stäbchen und dann gleich noch mal 5 Luftmaschen. Weiter geht's mit 2 festen Maschen mit 3 Luftmaschen zwischendrin. Schon geht's wieder los mit 5 Luftmaschen, 3 zusammen abgemaschten Stäbchen und weiteren 5 Luftmaschen. Durchhalten, gleich ist diese Runde geschafft! Bis zum Ende fehlt euch nicht mehr viel: 2 × 2 Stäbchen, 2 einzelne Stäbchen, 3 Luftmaschen, 2 einzelne Stäbchen, 2 × 2 Stäbchen, 5 Luftmaschen und . . . endlich die Kettmasche!

Gleich geht's weiter in die vorletzte Runde. Am Anfang, wie immer, 3 Luftmaschen mit 2 zusammen abgemaschten Stäbchen, dann 5 Luftmaschen, 1 feste Masche und wieder 5 Luftmaschen. Weiter geht's mit 3 zusammen abgemaschten Stäbchen und 5 Luftmaschen. Dann kommen 2 Stäbchen (in ein Stäbchen der darunterliegenden Runde), 1 Stäbchen, 2 Stäbchen (wieder zusammen in eine Masche), 1 Stäbchen, 2 Stäbchen (zusammen in eine Masche), 3 einzelne Stäbchen. Diese ganzen Stäbchen sind der erste Rapport (a). Nun kommen 3 Luftmaschen und dann der zweite Rapport (b). Los geht's mit 3 einzelnen Stäbchen.

Dann kommen 2 Stäbchen (in eine Masche), 1 Stäbchen, wieder 2 Stäbchen (in eine Masche), noch mal 1

Stäbchen und 2 Stäbchen (in eine Masche). Das war der zweite Rapport (b). Dann kommen 5 Luftmaschen, 3 zusammen abgemaschte Stäbchen, 5 Luftmaschen, 1 feste Masche, 5 Luftmaschen, 3 zusammen abgemaschte Stäbchen und noch mal 5 Luftmaschen. Das war der dritte Rapport (c). Weiter geht's nun mit dem ersten Rapport (a), dann kommen 3 Luftmaschen und der zweite Rapport (b). Anschließend müßt ihr den dritten Rapport (c) häkeln und dann wieder mit dem ersten Rapport (a) weitermachen. Als nächstes kommen 3 Luftmaschen und dann der zweite Rapport (b), dicht gefolgt von dem dritten Rapport (c). Jetzt beginnt der Endspurt, die letzte Ecke dieser Runde steht bevor: Los geht's mit dem ersten Rapport (a), dann wie üblich 3 Luftmaschen, der zweite Rapport (b), 5 Luftmaschen und die Kettmasche. Schon ist auch diese Runde fertig, und jetzt kommt nur noch eine, dann habt ihr das erste Deckchen.

Die letzte Runde beginnt, wie ja zu erwarten war, mit 3 Luftmaschen und 2 zusammen abgemaschten Stäbchen; danach kommen gleich 3 zusammen abgemaschte Stäbchen und 5 Luftmaschen. Jetzt beginnt der Rapport (d): 2 Stäbchen (in eine Masche), 12 einzelne Stäbchen, 3 Luftmaschen, 12 einzelne Stäbchen und 2 Stäbchen (in eine Masche). Das war der Rapport (d), und dieser wird dich gefolgt vom nächsten Rapport (e): 5 Luftmaschen, 2 × 3 zusammen abgemaschte Stäbchen und noch mal 5 Luftmaschen. So, das war dieser Rapport (e). Jetzt kommt wieder Rapport (d), dann der Rapport (e), wieder der Rapport (d), noch einmal der Rapport (e), anschließend der Rapport (d) und nun... 5 Luftmaschen, 1 Kettmasche – und fertig ist das erste Quadrat eueres Deckchens!

Nun könnt ihr so viele Quadrate häkeln wie ihr Lust habt oder wie groß das Deckchen werden soll. Die einzelnen Quadrate müßt ihr, wenn ihr genug habt, locker zusammennähen. Am unauffälligsten ist es, wenn ihr das Garn verwendet, mit dem ihr gehäkelt habt.

Häkelbild (Pfau-Motiv)
Jetzt kommt echte Filethäkelei – aber keine Angst, dafür müßt ihr nur Luftmaschen und Stäbchen können; sehr viel Geduld braucht ihr allerdings auch!

Als Material nehmt ihr am besten 150 g weißes Baumwollgarn der Stärke 2 und eine Häkelnadel. Das Bild wird ca. 30 × 40 cm groß. Dieses Bild wird nicht in der Runde, sondern von unten nach oben gehäkelt.

Zuerst schlagt ihr 155 Luftmaschen an, dann kann's losgehen: Lm = Luftmasche, St = Stäbchen.
1. Reihe:
2 Wendeluftmaschen, 3 St, 3 Lm, 1 St, 3 Lm, 4 St, 3 Lm, 13 St, 3 Lm, 1 St, 3 Lm, 13 St, 3 Lm, 1 St, 3 Lm, 13 St, 3 Lm, 1 St, 3 Lm, 1 St, 3 Lm, 1 St, 3 Lm, 13 St, 3 Lm, 1 St, 3 Lm, 13 St, 3 Lm, 1 St, 3 Lm, 13 St, 3 Lm, 4 St, 3 Lm, 1 St, 3 Lm, 3 St, 2 Wendeluftmaschen
2. Reihe:
3 Lm, 1 St, 3 Lm, 4 St, 3 Lm, 13 St, 3 Lm, 1 St, 3 Lm, 13 St, 3 Lm, 1 St, 3 Lm, 13 St, 3 Lm, 1 St, 3 Lm, 7 St, 3 Lm, 1 St, 3 Lm, 13 St, 3 Lm, 1 St, 3 Lm, 13 St, 3 Lm, 1 St, 3 Lm, 13 St, 3 Lm, 4 St, 3 Lm, 1 St, 3 Lm, 1 St, 2 Wendeluftmaschen

3. Reihe:
3 Lm, 10 St, 3 Lm, 1 St, 3 Lm, 1 St, 3 Lm, 1 St, 3 Lm, 7 St, 3 Lm, 1 St, 3 Lm, 1 St, 3 Lm, 1 St, 3 Lm, 7 St, 3 Lm, 1 St, 3 Lm, 1 St, 3 Lm, 1 St, 3 Lm, 7 St, 3 Lm, 1 St, 3 Lm, 7 St, 3 Lm, 1 St, 3 Lm, 1 St, 3 Lm, 1 St, 3 Lm, 7 St, 3 Lm, 1 St, 3 Lm, 1 St, 3 Lm, 1 St, 3 Lm, 7 St, 3 Lm, 1 St, 3 Lm, 1 St, 3 Lm, 1 St, 3 Lm, 10 St, 3 Lm, 1 St, 2 Wendeluftmaschen

4. Reihe:
3 St, 3 Lm, 4 St, 3 Lm, 13 St, 3 Lm, 1 St, 3 Lm, 13 St, 3 Lm, 1 St, 3 Lm, 13 St, 3 Lm, 1 St, 3 Lm, 7 St, 3 Lm, 1 St, 3 Lm, 13 St, 3 Lm, 1 St, 3 Lm, 13 St, 3 Lm, 1 St, 3 Lm, 13 St, 3 Lm, 4 St, 3 Lm, 4 St, 2 Wendeluftmaschen

5. Reihe:
3 Lm, 4 St, 3 Lm, 4 St, 3 Lm, 13 St, 3 Lm, 1 St, 3 Lm, 13 St, 3 Lm, 1 St, 3 Lm, 13 St, 3 Lm, 1 St, 3 Lm, 1 St, 3 Lm, 1 St, 3 Lm, 13 St, 3 Lm, 1 St, 3 Lm, 13 St, 3 Lm, 1 St, 3 Lm, 13 St, 3 Lm, 4 St, 3 Lm, 4 St, 3 Lm, 1 St, 2 Wendeluftmaschen

6. Reihe:
6 St, 3 Lm, 7 St, (3 Lm, 1 St) 35mal, 3 Lm, 7 St, 3 Lm, 7 St, 2 Wendeluftmaschen

7. Reihe:
6 St, 3 Lm, 7 St, (3 Lm, 1 St) 35mal, 3 Lm, 7 St, 3 Lm, 7 St, 2 Wendeluftmaschen

8. Reihe:
6 St, 3 Lm, 7 St, (3 Lm, 1 St) 35mal, 3 Lm, 7 St, 3 Lm, 7 St, 2 Wendeluftmaschen

9. Reihe:
3 St, 3 Lm, 4 St, 3 Lm, 4 St, (3 Lm, 1 St) 20mal, 3 Lm, 7 St, 3 Lm, 1 St, 3 Lm, 7 St, (3 Lm, 1 St) 8mal, 3 Lm, 4 St,

3 Lm, 4 St, 3 Lm, 4 St, 2 Wendeluftmaschen
10. Reihe:
3 Lm, 1 St, 3 Lm, 4 St, (3 Lm, 1 St) 9mal, 3 Lm, 4 St, 3 Lm, 1 St, 3 Lm, 1 St, 3 Lm, 4 St, (3 Lm, 1 St) 24mal, 3 Lm, 4 St, 3 Lm, 1 St, 3 Lm, 1 St, 2 Wendeluftmaschen
11. Reihe:
3 Lm, 4 St, 3 Lm, 4 St, (3 Lm, 1 St) 22mal, 3 Lm, 4 St, 3 Lm, 1 St, 3 Lm, 1 St, 3 Lm, 4 St, (3 Lm, 1 St) 9mal, 3 Lm, 4 St, 3 Lm, 4 St, 3 Lm, 1 St, 2 Wendeluftmaschen
12. Reihe:
6 St, 3 Lm, 7 St, (3 Lm, 1 St) 8mal, 3 Lm, 7 St, 3 Lm, 1 St, 3 Lm, 7 St, (3 Lm, 1 St) 20mal, 3 Lm, 7 St, 3 Lm, 7 St, 2 Wendeluftmaschen
13. Reihe:
6 St, 3 Lm, 7 St, (3 Lm, 1 St) 20mal, 3 Lm, 4 St, 3 Lm, 1 St, 3 Lm, 1 St, 3 Lm, 4 St, (3 Lm, 1 St) 9mal, 3 Lm, 7 St, 3 Lm, 7 St, 2 Wendeluftmaschen
14. Reihe:
6 St, 3 Lm, 7 St, (3 Lm, 1 St) 9mal, 3 Lm, 4 St, 3 Lm, 1 St, 3 Lm, 1 St, 3 Lm, 4 St, 3 Lm, 1 St, 3 Lm, 1 St, 3 Lm, 1 St, 3 Lm, 4 St, 3 Lm, 4 St, 3 Lm, 4 St, 3 Lm, 4 St, (3 Lm, 1 St) 9mal, 3 Lm, 7 St, 3 Lm, 7 St, 2 Wendeluftmaschen
15. Reihe:
3 St, 3 Lm, 4 St, 3 Lm, 4 St (3 Lm, 1 St) 10mal, 3 Lm, 4 St, 3 Lm, 4 St, 3 Lm, 4 St, 3 Lm, 4 St, 3 Lm, 4 St, 3 Lm, 4 St, 3 Lm, 1 St, 3 Lm, 1 St, 3 Lm, 4 St, (3 Lm, 1 St) 9mal, 3 Lm, 4 St, 3 Lm, 4 St, 3 Lm, 4 St, 2 Wendeluftmaschen
16. Reihe:
3 Lm, 1 St, 3 Lm, 4 St, (3 Lm, 1 St) 9mal, 3 Lm, 40 St, 3 Lm, 4 St, 3 Lm, 4 St, 3 Lm, 1 St, 3 Lm, 4 St, (3 Lm, 1 St) 9mal, 3 Lm, 4 St, 3 Lm, 1 St, 3 Lm, 1 St, 2 Wendeluftm.

17. Reihe:
3 Lm, 4 St, 3 Lm, 4 St, (3 Lm, 1 St) 6mal, 3 Lm, 4 St, 3 Lm, 1 St, 3 Lm, 4 St, 3 Lm, 13 St, 3 Lm, 43 St, (3 Lm, 1 St) 6mal, 3 Lm, 4 St, 3 Lm, 4 St, 3 Lm, 1 St, 2 Wendeluftmaschen

18. Reihe:
6 St, 3 Lm, 7 St, (3 Lm, 1 St) 4mal, 3 Lm, 46 St, 3 Lm, 25 St, (3 Lm, 1 St) 6mal, 3 Lm, 7 St, 3 Lm, 7 St, 2 Wendeluftmaschen

19. Reihe:
6 St, 3 Lm, 7 St, (3 Lm, 1 St) 4mal, 3 Lm, 10 St, 3 Lm, 1 St, 3 Lm, 1 St, 3 Lm, 1 St, 3 Lm, 13 St, 3 Lm, 13 St, (3 Lm, 1 St) 4mal, 3 Lm, 19 St, 3 Lm, 1 St, 3 Lm, 1 St, 3 Lm, 1 St, 3 Lm, 7 St, 3 Lm, 7 St, 2 Wendeluftmaschen

20. Reihe:
6 St, 3 Lm, 7 St, (3 Lm, 1 St) 3mal, 3 Lm, 16 St, 3 Lm, 13 St, 3 Lm, 1 St, 3 Lm, 1 St, 3 Lm, 19 St, 3 Lm, 13 St, 3 Lm, 1 St, 3 Lm, 7 St, 3 Lm, 1 St, 3 Lm, 1 St, 3 Lm, 7 St, 3 Lm, 7 St, 2 Wendeluftmaschen

21. Reihe:
3 St, 3 Lm, 4 St, 3 Lm, 4 St, 3 Lm, 1 St, 3 Lm, 1 St, 3 Lm, 4 St, 3 Lm, 1 St, 3 Lm, 22 St, 3 Lm, 10 St, 3 Lm, 1 St, 3 Lm, 1 St, 3 Lm, 22 St, 3 Lm, 16 St, 3 Lm, 1 St, 3 Lm, 1 St, 3 Lm, 4 St, 3 Lm, 4 St, 3 Lm, 4 St, 2 Wendeluftmaschen

22. Reihe:
3 Lm, 1 St, 3 Lm, 4 St, 3 Lm, 1 St, 3 Lm, 1 St, 3 Lm, 1 St, 3 Lm, 1 St, 3 Lm, 43 St, 3 Lm, 1 St, 3 Lm, 1 St, 3 Lm, 34 St, (3 Lm, 1 St) 6mal, 3 Lm, 4 St, 3 Lm, 1 St, 3 Lm, 1 St, 2 Wendeluftmaschen

23. Reihe:
3 Lm, 4 St, 3 Lm, 4 St, (3 Lm, 1 St) 3mal, 3 Lm, 4 St, 3 Lm, 7 St, 3 Lm, 16 St, 3 Lm, 4 St, 3 Lm, 1 St, 3 Lm, 1 St, 3 Lm, 46 St, (3 Lm, 1 St) 3mal, 3 Lm, 4 St, 3 Lm, 4 St, 3 Lm, 1 St, 2 Wendeluftmaschen

24. Reihe:
3 Lm, 4 St, 3 Lm, 4 St, (3 Lm, 1 St) 3mal, 3 Lm, 49 St, 3 Lm, 1 St, 3 Lm, 1 St, 3 Lm, 4 St, 3 Lm, 1 St, 3 Lm, 1 St, 3 Lm, 10 St, 3 Lm, 7 St, (3 Lm, 1 St) 4mal, 3 Lm, 4 St, 3 Lm, 4 St, 3 Lm, 1 St, 2 Wendeluftmaschen

25. Reihe:
3 Lm, 1 St, 3 Lm, 4 St, (3 Lm, 1 St) 6mal, 3 Lm, 4 St, 3 Lm, 7 St, 3 Lm, 13 St, 3 Lm, 1 St, 3 Lm, 31 St, 3 Lm, 1 St, 3 Lm, 16 St, (3 Lm, 1 St) 4mal, 3 Lm, 4 St, 3 Lm, 1 St, 3 Lm, 1 St, 2 Wendeluftmaschen

26. Reihe:
3 St, 3 Lm, 4 St, 3 Lm, 4 St, (3 Lm, 1 St) 3mal, 3 Lm, 16 St, (3 Lm, 1 St) 12mal, 3 Lm, 16 St, 3 Lm, 7 St, 3 Lm, 1 St, 3 Lm, 4 St, 3 Lm, 1 St, 3 Lm, 1 St, 3 Lm, 4 St, 3 Lm, 4 St, 3 Lm, 4 St, 2 Wendeluftmaschen

27. Reihe:
6 St, 3 Lm, 7 St, (3 Lm, 1 St) 3mal, 3 Lm, 4 St, 3 Lm, 7 St, 3 Lm, 13 St, 3 Lm, 4 St, (3 Lm, 1 St) 11mal, 3 Lm, 13 St, (3 Lm, 1 St) 4mal, 3 Lm, 7 St, 3 Lm, 7 St, 2 Wendeluftmaschen

28. Reihe:
6 St, 3 Lm, 7 St, (3 Lm, 1 St) 5mal, 3 Lm, 13 St, 3 Lm, 1 St, 3 Lm, 7 St, (3 Lm, 1 St) 5mal, 3 Lm, 10 St, 3 Lm, 13 St, 3 Lm, 7 St, (3 Lm, 1 St) 4mal, 3 Lm, 7 St, 3 Lm, 7 St, 2 Wendeluftmaschen

29. Reihe:
6 St, 3 Lm, 7 St, (3 Lm, 1 St) 4mal, 3 Lm, 4 St, 3 Lm, 13 St, 3 Lm, 19 St, (3 Lm, 1 St) 4mal, 3 Lm, 4 St, 3 Lm, 1 St, 3 Lm, 10 St, (3 Lm, 1 St) 6mal, 3 Lm, 7 St, 3 Lm, 7 St, 2 Wendeluftmaschen
30. Reihe:
3 Lm, 4 St, 3 Lm, 4 St, (3 Lm, 1 St) 7mal, 3 Lm, 10 St, 3 Lm, 1 St, 3 Lm, 25 St, 3 Lm, 10 St, 3 Lm, 13 St, 3 Lm, 1 St, 3 Lm, 4 St, (3 Lm, 1 St) 4mal, 3 Lm, 4 St, 3 Lm, 4 St, 3 Lm, 1 St, 2 Wendeluftmaschen
31. Reihe:
3 Lm, 1 St, 3 Lm, 4 St, (3 Lm, 1 St) 7mal, 3 Lm, 7 St, 3 Lm, 4 St, 3 Lm, 10 St, 3 Lm, 10 St, 3 Lm, 16 St, 3 Lm, 1 St, 3 Lm, 13 St, 3 Lm, 1 St, 3 Lm, 4 St, 3 Lm, 1 St, 3 Lm, 1 St, 3 Lm, 1 St, 3 Lm, 1 St, 3 Lm, 4 St, 3 Lm, 1 St, 3 Lm, 1 St, 2 Wendeluftmaschen
32. Reihe:
3 St, 3 Lm, 4 St, 3 Lm, 4 St, (3 Lm, 1 St) 3mal, 3 Lm, 19 St, 3 Lm, 1 St, 3 Lm, 16 St, 3 Lm, 10 St, 3 Lm, 10 St, 3 Lm, 7 St, 3 Lm, 7 St, (3 Lm, 1 St) 4mal, 3 Lm, 4 St, 3 Lm, 4 St, 3 Lm, 4 St, 2 Wendeluftmaschen
33. Reihe:
6 St, 3 Lm, 7 St, (3 Lm, 1 St) 6mal, 3 Lm, 7 St, 3 Lm, 13 St, 3 Lm, 25 St, 3 Lm, 1 St, 3 Lm, 1 St, 3 Lm, 7 St, 3 Lm, 7 St, (3 Lm, 1 St) 4mal, 3 Lm, 7 St, 3 Lm, 7 St, 2 Wendeluftmaschen
34. Reihe:
6 St, 3 Lm, 7 St, (3 Lm, 1 St) 5mal, 3 Lm, 10 St, (3 Lm, 1 St) 4mal, 3 Lm, 4 St, 3 Lm, 13 St, 3 Lm, 19 St, 3 Lm, 4 St, 3 Lm, 4 St, (3 Lm, 1 St) 4mal, 3 Lm, 7 St, 3 Lm, 7 St, 2 Wendeluftmaschen

35. Reihe:
6 St, 3 Lm, 7 St, (3 Lm, 1 St) 5mal, 3 Lm, 4 St, 3 Lm, 1 St, 3 Lm, 4 St, 3 Lm, 1 St, 3 Lm, 4 St, 3 Lm, 4 St, 3 Lm, 7 St, 3 Lm, 7 St, 3 Lm, 4 St, (3 Lm, 1 St) 4mal, 3 Lm, 4 St, (3 Lm, 1 St) 6mal, 3 Lm, 7 St, 3 Lm, 7 St, 2 Wendeluftmaschen
36. Reihe:
3 Lm, 4 St, 3 Lm, 4 St, (3 Lm, 1 St) 6mal, 3 Lm, 4 St, 3 Lm, 4 St, (3 Lm, 1 St) 4mal, 3 Lm, 7 St, 3 Lm, 7 St, 3 Lm, 7 St, 3 Lm, 4 St, 3 Lm, 7 St, 3 Lm, 1 St, 3 Lm, 4 St, (3 Lm, 1 St) 6mal, 3 Lm, 4 St, 3 Lm, 4 St, 3 Lm, 1 St, 2 Wendeluftmaschen
37. Reihe:
3 Lm, 1 St, 3 Lm, 4 St, (3 Lm, 1 St) 9mal, 3 Lm, 4 St, 3 Lm, 4 St, 3 Lm, 7 St, 3 Lm, 7 St, 3 Lm, 1 St, 3 Lm, 4 St, (3 Lm, 1 St) 5mal, 3 Lm, 4 St, 3 Lm, 4 St, 3 Lm, 4 St, (3 Lm, 1 St) 6mal, 3 Lm, 4 St, 3 Lm, 1 St, 3 Lm, 1 St, 2 Wendeluftmaschen
38. Reihe:
3 St, 3 Lm, 4 St, 3 Lm, 4 St, (3 Lm, 1 St) 5mal, 3 Lm, 4 St, 3 Lm, 4 St, (3 Lm, 1 St) 8mal, 3 Lm, 4 St, 3 Lm, 1 St, 3 Lm, 4 St, 3 Lm, 1 St, 3 Lm, 4 St, (3 Lm, 1 St) 10mal, 3 Lm, 4 St, 3 Lm, 4 St, 3 Lm, 4 St, 2 Wendeluftmaschen
39. Reihe:
6 St, 3 Lm, 7 St, (3 Lm, 1 St) 35mal, 3 Lm, 7 St, 3 Lm, 7 St, 2 Wendeluftmaschen
40. Reihe:
6 St, 3 Lm, 7 St, (3 Lm, 1 St) 35mal, 3 Lm, 7 St, 3 Lm, 7 St, 2 Wendeluftmaschen
41. Reihe:
6 St, 3 Lm, 7 St, (3 Lm, 1 St) 35mal, 3 Lm, 7 St, 3 Lm, 7

St, 2 Wendeluftmaschen
42. Reihe:
3 Lm, 4 St, 3 Lm, 4 St, 3 Lm, 13 St, 3 Lm, 1 St, 3 Lm, 13 St, 3 Lm, 1 St, 3 Lm, 13 St, (3 Lm, 1 St) 3mal, 3 Lm, 13 St, 3 Lm, 1 St, 3 Lm, 13 St, 3 Lm, 1 St, 3 Lm, 13 St, 3 Lm, 4 St, 3 Lm, 4 St, 3 Lm, 1 St, 2 Wendeluftmaschen
43. Reihe:
3 St, 3 Lm, 4 St, 3 Lm, 13 St, 3 Lm, 1 St, 3 Lm, 13 St, 3 Lm, 1 St, 3 Lm, 13 St, 3 Lm, 1 St, 3 Lm, 7 St, 3 Lm, 1 St, 3 Lm, 13 St, 3 Lm, 1 St, 3 Lm, 13 St, 3 Lm, 1 St, 3 Lm, 13 St, 3 Lm, 4 St, 3 Lm, 4 St, 2 Wendeluftmaschen
44. Reihe:
3 Lm, 10 St, (3 Lm, 1 St) 3mal, 3 Lm, 7 St, (3 Lm, 1 St) 3mal, 3 Lm, 7 St, (3 Lm, 1 St) 3mal, 3 Lm, 7 St, 3 Lm, 1 St, 3 Lm, 7 St, (3 Lm, 1 St) 3mal, 3 Lm, 7 St, (3 Lm, 1 St) 3mal, 3 Lm, 7 St, (3 Lm, 1 St) 3mal, 3 Lm, 10 St, 3 Lm, 1 St, 2 Wendeluftmaschen
45. Reihe:
3 Lm, 1 St, 3 Lm, 4 St, 3 Lm, 13 St, 3 Lm, 1 St, 3 Lm, 13 St, 3 Lm, 1 St, 3 Lm, 13 St, 3 Lm, 1 St, 3 Lm, 7 St, 3 Lm, 1 St, 3 Lm, 13 St, 3 Lm, 1 St, 3 Lm, 13 St, 3 Lm, 1 St, 3 Lm, 13 St, 3 Lm, 4 St, 3 Lm, 1 St, 3 Lm, 1 St, 2 Wendeluftmaschen
46. Reihe:
3 St, 3 Lm, 1 St, 3 Lm, 4 St, 3 Lm, 13 St, 3 Lm, 1 St, 3 Lm, 13 St, 3 Lm, 1 St, 3 Lm, 13 St, (3 Lm, 1 St) 3mal, 3 Lm, 13 St, 3 Lm, 1 St, 3 Lm, 13 St, 3 Lm, 13 St, 3 Lm, 4 St, 3 Lm, 1 St, 3 Lm, 4 St;
1 Luftmasche, Faden durchziehen, abschneiden und vernähen.

Sticken

a) Was man braucht

Für die total Handarbeitsbesessenen unter euch geht es jetzt mit dem Sticken weiter. Aber das werden wir auch noch bewältigen.

Als erstes muß man sich über das Material und das Zubehör Gedanken machen. Es gibt so viele Arten von Garnen, daß ihr bestimmt etwas Passendes findet.

Sehr häufig wird Mattstickgarn verwendet. Das ist ein mitteldickes Garn, das ihr in vielen Farben bekommen könnt, aber es eignet sich nicht für feine Handarbeiten.

Dann gibt es noch Sticktwist, ein Garn, das geteilt werden kann, da es sechsfach gezwirnt ist.

Ebenso verhält es sich mit dem Vierfachstickgarn. Auch dieses kann geteilt werden, allerdings nur viermal, und es eignet sich besonders für ganz feine Stickereien.

Tja, was haben wir da noch alles? Genau, es gibt ja auch noch das Perlgarn; das heißt so, weil es besonders glänzt. Das Perlgarn kann man sogar in verschiedenen Stärken haben; da könnt ihr euch also aussuchen, wie fein eure Stickerei werden soll. Hierbei gilt: je dünner das Garn, um so feiner die Handarbeit. Dabei solltet ihr aber immer bedenken, daß man für eine feine Handarbeit sehr viel mehr Ausdauer braucht. Wenn ihr also eher zur Ungeduld neigt, solltet ihr lieber nicht gleich mit ganz feiner Handarbeit beginnen, weil das angefangene Stück sonst sowieso nur in irgendeiner Zimmerecke liegt.

Deshalb ist es für den Anfang ganz gut, wenn ihr Wollstickgarne verwendet. Diese gibt es auch in verschiedenen Stärken. Meist sind sie aus reiner Schurwolle. Es gibt allerdings auch wollähnliche Stickgarne aus Acryl oder aus Wolle-Synthetic-Gemisch.

Auch bei der Auswahl der Farbe steht ihr bei Wollstickgarnen vor der Qual der Wahl. Da könnt ihr euch beim Aussuchen einen richtigen Farbenkoller zuziehen!

Natürlich fehlen jetzt noch einige entscheidende Dinge, ohne die wir mit dem Stickgarn gar nichts anfangen könnten. Als erstes ist mal der Stoff sehr wichtig, denn man muß sein kunstvolles Gebilde ja irgendwohin fabrizieren.

Für die ersten Stickversuche ist es ganz gut, ein zählbares Gewebe zu benutzen. Keine Angst, hier handelt es sich nicht um höhere Mathematik! Das bedeutet einfach nur, daß der Stickgrund immer ein gleichmäßiges Gitter ist und man jeweils die Längs- und Querfäden des Gewebes abzählen kann, um eine gleichmäßige Stickerei zu erhalten.

Am besten ist, ihr geht in ein Handarbeitsgeschäft und laßt euch die Stoffe zeigen, denn auch hier gibt es wieder eine große Auswahl. Doch ihr werdet dies wohl auch noch hinkriegen. Am besten besorgt ihr euch für das erste Kunstwerk Stramin, denn mit diesem Leinengewebe kann praktisch gar nichts mehr schieflaufen.

Wenn ihr dann schon etwas geübter seid und Freunde und Verwandte schon mit einigen Eigenproduktionen beglückt habt, könnt ihr euch schon an die einfachen Gewebe wagen. Dieses Gewebe hat aber nicht viel mit dem Namen zu tun. Ihr braucht jetzt nämlich nicht zu glauben, daß dieses Gewebe einfach heißt, weil es so leicht zu bearbeiten ist – da habt ihr euch getäuscht! Bei diesem Gewebe ist nämlich die Struktur ziemlich glatt und dicht, also läuft jetzt gar nichts mehr mit Fäden abzählen. Wenn ihr dieses Gewebe benutzt, müßt ihr die Größe und Form eurer Stiche schon so im Gefühl haben, daß sie auch gleichmäßig werden. Also, wie gesagt: als Anfänger solltet ihr die Finger von einfachen Geweben lassen.

Jetzt fehlt noch etwas ganz Wichtiges, ohne das ihr nicht anfangen solltet: die Sticknadel. Natürlich könnt ihr es mit Knochen oder Fischgräten mal ausprobieren – unsere Vorfahren sollen damit ja gewisse Erfolge erzielt haben! Aber uns scheint es doch bequemer, einfach in das nächste Geschäft zu gehen und eine Sticknadel zu kaufen. Hier gibt es drei Arten: Ihr könnt eine extra Nähnadel für Handarbeiten benutzen; diese gibt es in verschiedenen Größen, und sie wird für die feinen Handarbeiten verwendet, also von den Fortgeschrittenen. Die ausgesprochenen Sticknadeln sind dann diese „Prügel"; sie sind ziemlich dick und lang, aber zur Selbstverteidigung reicht höchstens die Sticknadel mit Spitze aus. Diese spitze Sticknadel gibt es von der Größe 14 bis 24, und man verwendet sie z. B. für Wollstickgarne. Dann gibt es noch die stumpfe Sticknadel. Auch diese könnt ihr von Größe 14 bis 24 haben. Das ist auch die geeignetste Sticknadel für den Anfang. Nicht deshalb, weil ihr euch damit nicht so leicht gegenseitig „erdolchen" könnt, sondern weil die stumpfe Sticknadel für Stickereien auf zählbarem Gewebe verwendet wird.

So, mit Garn, Stoff und Nadel habt ihr jetzt das Nötigste, um zu sticken. Natürlich gibt es noch viel mehr Zubehör, aber im Moment reicht das völlig, denn wir sind ja keine Profis, und falls irgendeiner von euch sich doch dazu durchringen sollte, das Sticken bis ins Extrem zu treiben, der kann sich ja nach und nach noch mehr Zubehör anschaffen.

Sehr praktisch ist ein Stickrahmen, denn dieser hält das Stück, das ihr gerade sticken wollt, schön straff, und ihr habt dann nicht so viel Mühe, es immer wieder mit den Händen zu straffen und zu glätten. Am häufigsten werden sogenannte Stickringe benutzt. Diese werden in der Hand gehalten; sie sind aus Holz oder Kunststoff und es gibt sie in verschiedenen Größen. Aber ihr werdet sicher in einem Handarbeitsgeschäft sehr gut beraten.

Dann gibt es auch noch Material, um Muster zu übertragen, z. B. Aufbügelmuster. Diese könnt ihr kaufen und dann einfach auf euren Stoff aufbügeln, und schon habt ihr ein Muster, das ihr nur noch besticken müßt.

Falls ihr aber irgendein Motiv habt, das ihr gerne sticken wollt, benutzt ihr am besten Schneiderkopierpapier und ein Kopierrädchen mit stumpfen Zähnchen. Damit könnt ihr das Muster auf den Stoff übertragen.

Es gibt aber auch Schneiderkreide in Stiftform oder Bügelstifte, mit denen ihr dann eure eigene Kreativität umsetzen könnt.

b) Grundtechnik

So, jetzt wird's ernst, es geht ans Werk! Hoffentlich seid ihr mit Stoff (am besten Stramin), Sticknadel und Stickgarn gut ausgerüstet, denn jetzt geht es darum, die verschiedenen Stickstiche zu erlernen.

Rückstich
Als erstes müßt ihr von dem Garnstrang etwa 50 cm abschneiden. Man kann leider nicht den ganzen Strang auf einmal benutzen, da er sich zu einem heillosen Durcheinander verstricken würde. Also, keine Müdigkeit vorschützen, ihr müßt eben immer wieder vernähen. Aber die Mühe wird sich lohnen. Vergeßt nicht, wenn ihr beginnt, auf der Rückseite ca. 6 cm Faden übrig zu lassen fürs Vernähen. Das gilt sowohl für den Anfang als auch für das Ende des Fadens.

Nun fädelt ihr das Garn in die Nadel ein und nehmt den Stoff zur Hand. Dann beginnt ihr unten rechts, ungefähr zwei Zentimeter von den Stoffkanten entfernt.

Ihr stecht mit der Nadel von hinten nach vorne durch, stecht ungefähr ½ cm rechts hinter die erste Einstichstelle ein, und ca. ½ cm links vor der ersten Einstichstelle steckt ihr die Nadel wieder von hinten nach vorne durch den Stoff. Wahrscheinlich habt ihr nun schon den Zweck der Sache erkannt. Ja, richtig, das Gestickte soll eine gerade Linie werden – es ist doch hoffentlich gerade, oder?

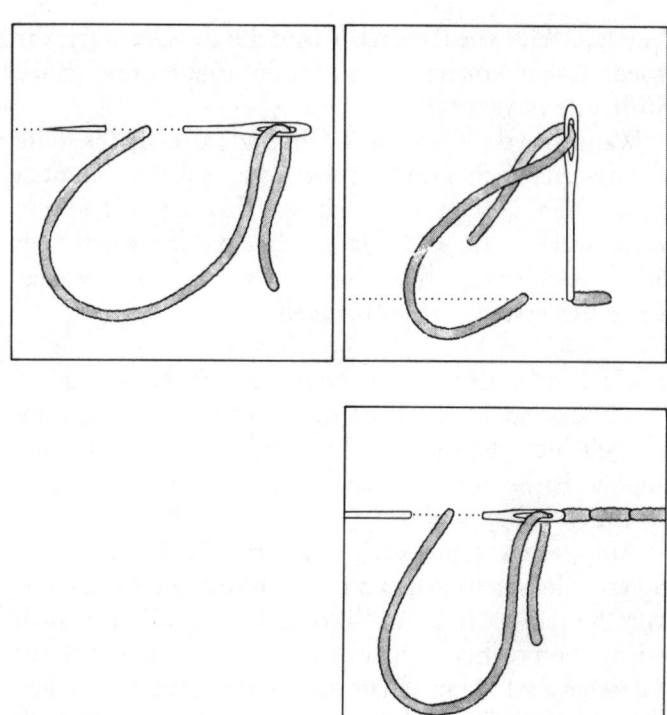

Rückstich

Nun seht ihr auch, warum für den Anfang zählbare Gewebe günstig sind. Ihr könnt jetzt nämlich immer ein paar Längsfäden abzählen, und so wird das Ganze schön gleichmäßig.

Noch etwas! Bei diesem Stich müßt ihr immer von rechts nach links arbeiten, sonst gibt es Verwirrungen.

Wenn ihr das erste Stück habt, stecht ihr wieder in die erste Einstichstelle ein und ½ cm von der letzten

Einstichstelle wieder nach vorne durch. Das dürft ihr wiederholen, solange ihr wollt; ihr könnt damit ganze Stoffrollen besticken!

Wenn sich das Garnstück dem Ende zuneigt (es sollte mindestens noch 6 cm lang sein), stecht ihr nach hinten durch und laßt es dort hängen, bis ihr mit eurem Kunstwerk fertig seid. Dann schneidet ihr wieder ein Stück vom Strang ab und beginnt wieder dort, wo das Ende des ersten Garnes baumelt.

Einfach oder doppelt durchgezogener Rückstich
Als erstes stickt ihr jetzt den soeben gelernten und vielgeliebten Rückstich. Nun könnt ihr auch eine andere Farbe für das Garn wählen, wenn ihr einen Kontrast haben wollt.

Am besten eignet sich jetzt eine Sticknadel ohne Spitze. Ihr stecht genau an der Mitte eines Rückstichs von hinten nach vorne durch. Hier müßt ihr auch wieder von rechts nach links arbeiten – das gilt auch für Linkshänder! Dann stecht ihr mit der Nadel zwischen den einzelnen Rückstichen und dem Stoff immer durch und zwar so, daß jeweils eine kleine Schlinge übrigbleibt, d. h., ihr dürft den Faden nicht ganz durchziehen. Außerdem müßt ihr auch darauf achten, daß ihr weder in den Stoff noch in einen Rückstich einstecht, denn das schaut nicht so nett aus. So einfach ist der einfach durchgezogene Rückstich!

Ach, so! Ihr wollt den doppelt durchgezogenen Rückstich auch noch lernen. Na, dann müssen wir unser Geheimnis wohl enthüllen. Als erstes braucht ihr natürlich den einfach durchgezogenen Rückstich, den

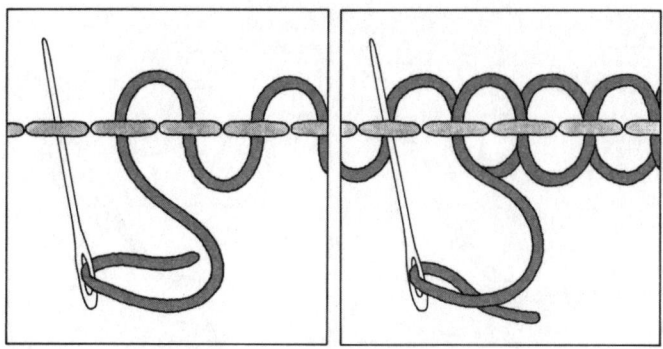

Einfach oder doppelt durchgezogener Rückstich

beherrscht ihr jetzt doch, oder? Dann nehmt ihr wieder Nadel und Faden zur Hand und macht die Schlingen genau entgegengesetzt, d. h., dort, wo oben vom Rückstich eine Schlinge ist, muß jetzt unten eine Schlinge sein und umgekehrt. Aber paßt auf, daß alle Schlingen schön gleichmäßig sind, sonst kann es euch leicht passieren, daß man euer Stickstück zum „Wirrwarr" degradiert!

Stielstich
Mit diesem Stich könnt ihr vor allem Blütenstiele sticken. Aufgepaßt! Jetzt müßt ihr von links nach rechts arbeiten.

Ihr fädelt wieder ein Stück Garn in die Nadel, und schon kann es losgehen! Also, denkt daran, jetzt müßt ihr ganz links in den Stoff von hinten nach vorne einstechen. Dann stecht ihr auf gleicher Ebene ungefähr 1 bis 1 ½ cm rechts von der Einstichstelle wieder von vorne nach hinten in den Stoff ein, und dann müßt ihr

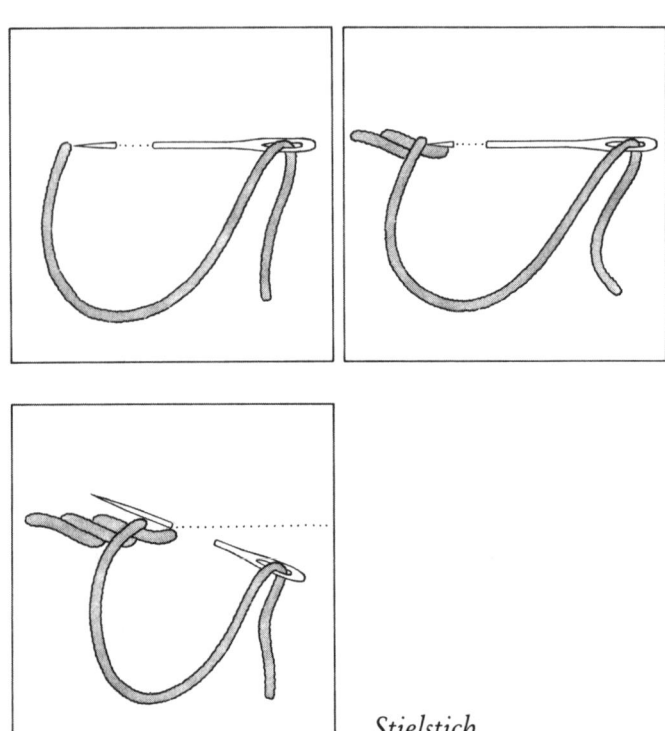

Stielstich

wieder von hinten nach vorne zurückstechen, und zwar genau zwischen den beiden Einstichstellen. Das geht also nach dem Muster: einen Schritt vor und einen halben Schritt zurück! Von der Einstichstelle, die am weitesten rechts liegt, stecht ihr dann 0,5 bis 0,75 cm (je nach Länge eines Stiches, d. h., wenn euer erster Stich 1 cm lang war, müßt ihr jetzt 0,5 cm weiter; war er 1 ½ cm lang, sind es 0,75 cm) weiter rechts wieder ein, und dann

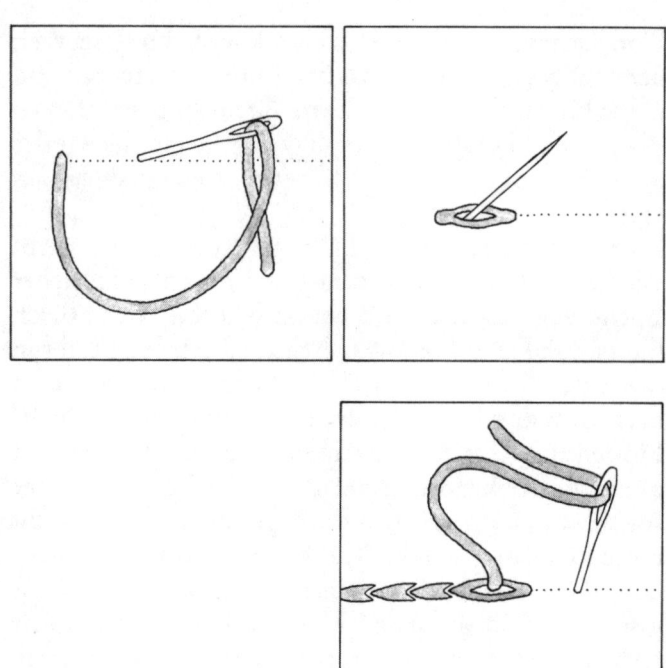

Spaltstich

müßt ihr wieder bei der Einstichstelle ganz rechts des ersten Stichs von hinten nach vorne durchstechen, und zwar so, daß ihr oberhalb des ersten Stiches wieder rauskommt. So geht das immer weiter, bis ihr die Nase von Blumenstielen voll habt.

Spaltstich
Der Spaltstich wird am häufigsten für das Sticken von

Umrissen verwendet. Aber ihr könnt ihn eigentlich verwenden, wofür ihr wollt. Eurer Kreativität und eurer Phantasie sind hier keine Grenzen gesetzt!

Im Prinzip ist der Spaltstich genau das gleiche wie der Stielstich, nur wird jetzt nicht neben, sondern durch das Garn ausgestochen.

Ihr müßt also wieder links anfangen. Also, stecht wieder von hinten nach vorne durch, stecht auf gleicher Ebene ungefähr 1 bis 1,5 cm nach rechts wieder nach hinten, und jetzt kommt's, Achtung! Jetzt stecht ihr in der Mitte des Stiches durch das Garn hindurch wieder nach vorn durch. So, der erste Stich ist somit geschafft! Hoffentlich habt ihr noch einen klaren Kopf, denn jetzt gilt es, die Reihe fortzusetzen. Von der Stelle, an der ihr soeben wieder nach vorn durchgestochen habt, stecht ihr jetzt wieder 1 cm bis 1,5 cm nach rechts ein, und in der Mitte des soeben gemachten Stichs stecht ihr genauso wie beim ersten Mal von hinten nach vorne wieder durch das Garn durch. Genau – so ist das richtig. Ihr werdet langsam zu richtigen Profis!

Langettenstich
Diese Stichart könnt ihr als Randverzierung verwenden, z. B. für ein Deckchen.

Hier müßt ihr von links nach rechts arbeiten.

Ihr stecht von hinten nach vorn durch. Dann rückt ihr nur ein paar Millimeter nach rechts – – halt, nicht dort einstechen! – und stecht von hier aus ungefähr einen halben Zentimeter weiter oben von vorne nach hinten durch. Dann stecht ihr am Ausgangspunkt (d. h. direkt einen halben Zentimeter unter dem letzten Ein-

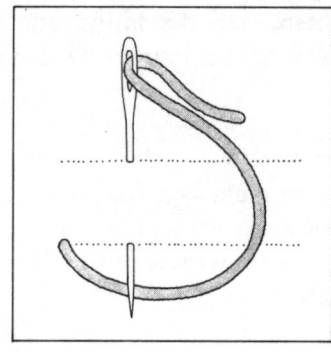
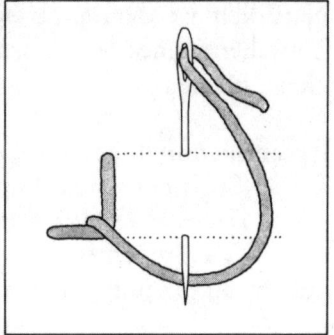
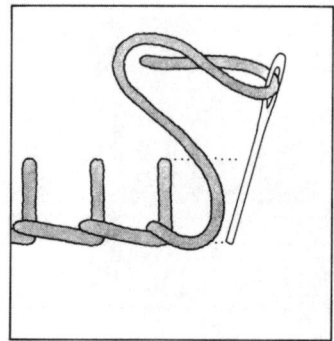

Langettenstich

stich) wieder nach vorn durch. Ihr müßt jetzt aber den Faden nicht gleich ganz durchziehen, sondern ihn unter die Nadelspitze legen und danach ganz durchziehen. Beim nächsten Stich stecht ihr gleich 0,5 cm rechts neben der oberen Einstichstelle wieder ein; 0,5 cm rechts neben der unteren Einstichstelle müßt ihr wieder nach vorn durchstechen und wieder den Faden unter die Nadelspitze legen und schließlich ganz durchziehen.

Natürlich ist darauf zu achten, daß die Höhe und Zwischenräume der einzelnen Stiche immer wieder gleich bleiben.

Pyramidenförmiger Langettenstich
Dieser Stich entspricht fast dem einfachen Langettenstich. Tja, aber es gibt eben doch einen feinen Unterschied. Den möchtet ihr wohl gern wissen, oder? Na gut, wenn ihr unbedingt wollt...

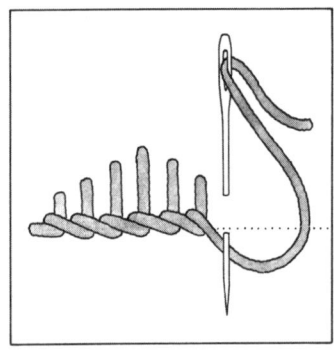

Pyramidenförmiger Langettenstich

Also, wie gesagt, die Stichart ist die gleiche, nur ist hier die Stichhöhe unterschiedlich, d. h., es geht erst bergauf. Dafür stecht ihr z. B. erst in einer Höhe von 3 mm oben ein, der nächste Stich wird ca. 4 mm hoch, der übernächste muß dann wieder etwas höher; das setzt ihr so lange fort, bis ihr eine kleine, aber deutliche Anhöhe habt. Tja, und dann geht's bergab. Jetzt macht ihr das ganze Spiel umgekehrt, d. h., ihr macht die Stiche nach und nach immer etwas niedriger, bis der letzte Stich so hoch ist wie der allererste Stich. Dann kann's wieder

HÄKELN

Oben: feste Maschen — S. 57
Unten: halbe Stäbchen — S. 59

Oben: normale Stäbchen – S. 60
Unten: Doppelstäbchen – S. 61

Oben: Dreifachstäbchen – S. 62
Unten: Patchwork-Bettüberdecke – S. 65

Oben: Spitzendeckchen — S. 66
Unten: Häkelbild (Pfau-Motiv) — S. 75

genauso bergauf gehen wie vorher und natürlich auch wieder so bergab. So entsteht ein richtiges Zickzack- bzw. Pyramidenmuster.

Knopflochstich
Diesen Stich werdet ihr für die Richelieustickerei gebrauchen können. Was ist jetzt die Richelieustickerei schon wieder? Nur nicht so hastig, ihr könnt es wohl kaum mehr erwarten! Aber auch bei der Stickerei muß man Geduld aufbringen und alles mit der Ruhe und der Reihe nach anpacken. Ihr dürft euch noch früh genug mit der Richelieustickerei auseinandersetzen.

Also, der Knopflochstich. Das ist der Langettenstich! Aber hier müßt ihr die Stiche ganz dicht aneinandersetzen und zwar so, daß so gut wie kein Zwischenraum mehr vorhanden ist (also nicht mehr als 1 mm). Man kann noch eine größere Festigkeit erreichen, indem man die untere Linie erst mit einer Reihe von Spaltstichen vorstickt und dann darüber den Knopflochstich stickt. Hier müßt ihr aber aufpassen, daß man nachher von den Spaltstichen wirklich nichts mehr sieht.

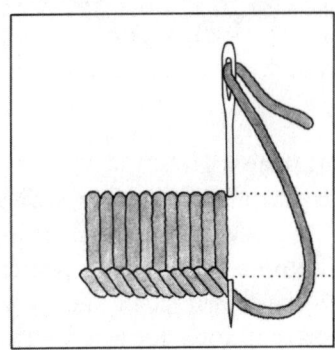

Knopflochstich

Kreisförmiger Langettenstich
Klar, euch raucht schon der Kopf vor lauter Langettenstichen, aber unser Motto: Durchhalten! Ihr werdet sehen, daß euch alle Arten von Langettenstichen immer wieder heimsuchen werden.

Den kreisförmigen Langettenstich braucht man vor allem bei Blumenmustern für das Innere der Blüte. Also müßt ihr einen Kreis sticken. Hier gibt es deshalb nur eine Einstichstelle, die sich in der Mitte befindet. Von der Mitte aus stickt ihr dann wieder den Langettenstich außen herum von links nach rechts, bis der Kreis fertig ist.

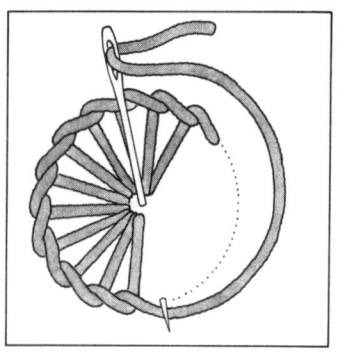

Kreisförmiger Langettenstich

Kettenstich
Seht ihr! Schon ist es vorbei mit den Langettenstichen. Aber, Moment, noch nicht erleichtert aufatmen! Wir kommen jetzt zu den Kettenstichen. Von dieser Stichart werden wir auch sieben Variationen lernen. Na, das erfreut doch ein wahres Stickerherz – oder etwa nicht?

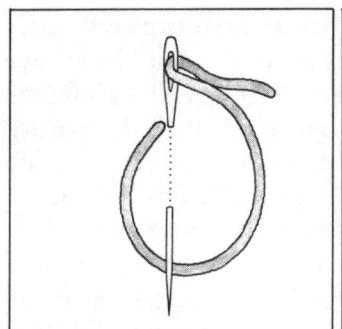
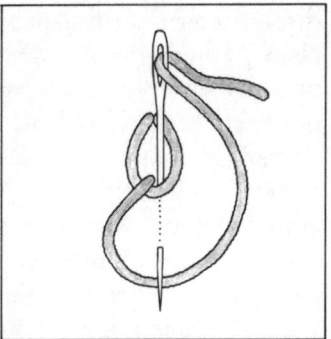
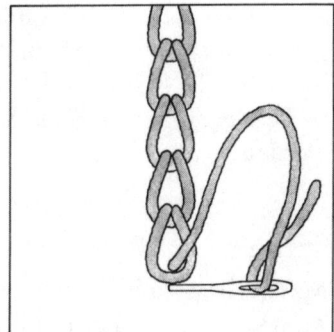

Kettenstich

Dieser Stich wird hauptsächlich für Konturen verwendet, aber ihr könnt damit auch Flächen ausfüllen, wenn ihr die Stiche in engen Reihen anordnet.

Am besten nehmt ihr den Stoff so, daß ihr von oben nach unten arbeiten könnt, da es so leichter ist. Ihr stecht also oben von hinten nach vorn durch, dann legt ihr eine Schlinge unter dem Einstich und stecht genau am Einstich wieder ein, und dann müßt ihr ca. ½ cm direkt unter dem Einstich wieder nach vorn durchstechen. Dabei müßt ihr darauf achten, daß der Faden der Schlinge unter der Nadelspitze liegt. So, jetzt könnt ihr den Faden durchziehen. Der erste Stich ist wieder einmal geschafft. Jetzt habt ihr ein Gebilde, das die Form eines Tropfens hat. Aus dem „Tropfen" hängt der Faden heraus, mit dem weitergearbeitet wird. Nun macht ihr die nächsten Stiche wie den ersten. Ihr legt eine Schlinge, stecht beim Einstich des neuen Stichs wieder ein und kommt 0,5 cm unter dem neuen Einstich heraus, legt den Faden unter die Nadelspitze und zieht den Faden durch. Am Ende der Reihe stecht ihr dann gleich außerhalb der Schlinge wieder ein; so befestigt ihr die Schlaufe.

Achtet darauf, daß die Schlingen schön gleichmäßig werden!

Margeritenstich
Mit diesem Stich könnt ihr lauter einzelne Kettenstiche machen. Am besten eignet sich der Stich, um kleine Blütenblätter zu sticken.

Ihr macht also erst einmal einen Kettenstich. Dann stecht ihr außerhalb der Schlinge, und zwar direkt an der Schlinge, wieder in den Stoff nach hinten durch. Dann stecht ihr dort wieder nach vorn, wo ihr das nächste „Blütenblatt" braucht, und macht wieder einen Kettenstich und befestigt die Schlinge durch den Stich außerhalb der Schlinge. So setzt ihr das fort, bis eure Blüte fertig ist.

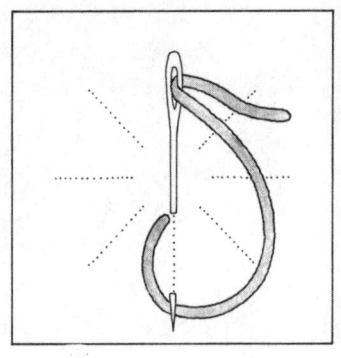
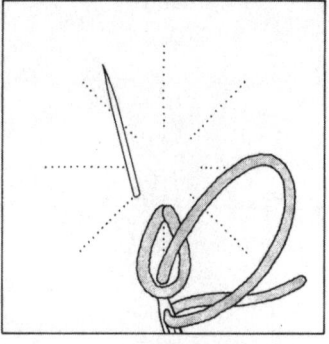
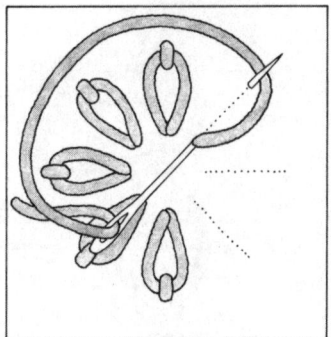

Margeritenstich

Durchgezogener Kettenstich
Tja, die Kettenstiche scheinen euch endlos zu verfolgen. Dieser Stich sieht aus wie eine Kette aus Gliedern in zwei verschiedenen Größen. Ihr könnt ihn besonders gut für Konturen oder Bordüren verwenden.

Als erstes macht ihr eine Reihe einzelner Kettenstiche. So, jetzt nehmt ihr eine stumpfe Nadel zur Hand. Nun könnt ihr auch eine andere Garnfarbe wählen, und

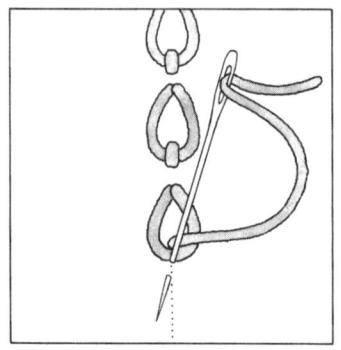
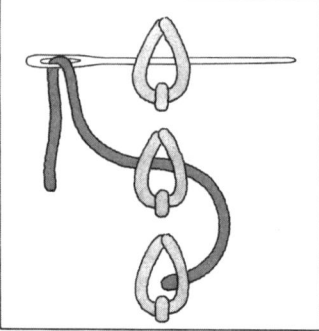
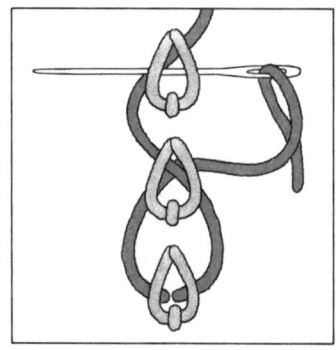

Durchgezogener Kettenstich

schon geht's weiter. Ihr stecht unter dem letzten Kettenstich aus und führt den Faden unter den Kettenstichen hin und her durch. Paßt dabei aber auf, daß ihr weder in den Stoff noch in einen Kettenstich einstecht. Achtet auch darauf, daß die Schlingen gleichmäßig werden.

Wenn ihr mit der Reihe fertig seid, stecht ihr wieder unter dem letzten Kettenstich von hinten nach vorn

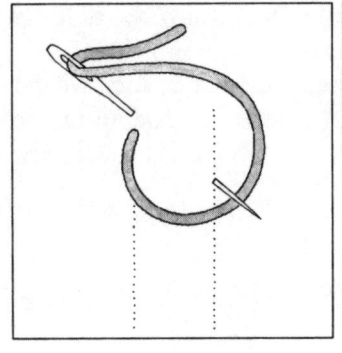
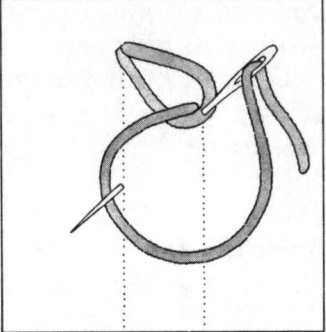

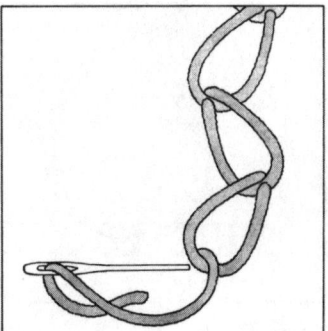

*Kettenstich
in Zickzackreihe*

durch und macht wieder Schlingen. Dieses Mal aber entgegengesetzt. Also, wenn die erste Schlinge rechts war, muß die andere jetzt auf der linken Seite liegen und umgekehrt.

Kettenstich in Zickzackreihe
Ihr beginnt jetzt mit dem ersten Kettenstich ganz normal; er unterscheidet sich nur dadurch, daß schräg

ein- und ausgestochen werden muß, also so, daß der Kettenstich nicht gerade, sondern schräg liegt.

Dann macht ihr den zweiten Kettenstich auch wieder schräg, nur eben in entgegengesetzter Richtung. So arbeitet ihr weiter, bis ihr eine schöne Zickzackreihe habt.

Verschränkter Kettenstich
Ihr stecht wieder einmal von hinten nach vorn durch.

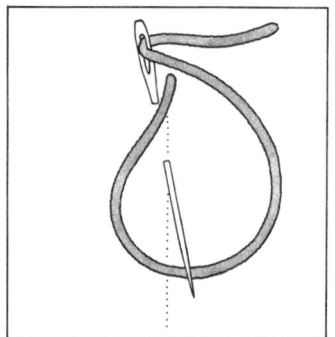

Verschränkter Kettenstich

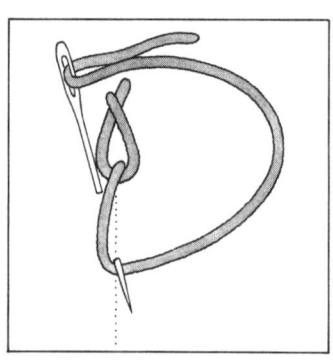
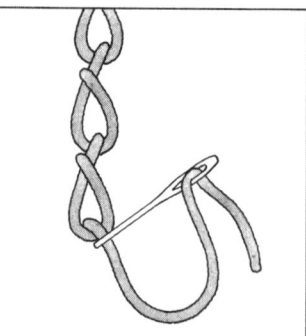

Dann stecht ihr ca. 3 mm unter der Ausstichstelle, und zwar links davon, wieder ein, legt den Faden unter die Nadelspitze, stecht ungefähr 0,5 cm darunter wieder aus und zieht den Faden durch. Jetzt stecht ihr etwas links außerhalb der Schlinge wieder ein und arbeitet den nächsten Stich genauso wie den ersten.

Offener Kettenstich

So, bald haben wir die Kettenstiche geschafft. Ihr werdet sehen, daß die Mühe nicht umsonst war.

Ihr stecht jetzt also wieder von hinten nach vorn durch, dann stecht ihr ungefähr 0,5 cm genau rechts neben der Ausstichstelle wieder ein. Halt! Den Faden noch nicht durchziehen! Jetzt stecht ihr genau unter der Einstichstelle (ungefähr 0,5 cm darunter) wieder aus, legt den Faden unter die Nadelspitze und zieht ihn dann durch; ihr müßt aber dabei aufpassen, daß eine lockere Schlinge entsteht, denn für den nächsten Stich müßt ihr genau rechts neben der letzten Einstichstelle (ungefähr 0,5 cm rechts daneben) und innerhalb der Schlinge wieder einstechen, dann wieder unter der linken Einstichstelle ausstechen. Das dürft ihr wieder eine ganze Reihe lang durchführen. Seid ihr am Ende angelangt, befestigt ihr die Schlinge links und rechts mit einem kleinen Stich. (Bilder siehe S. 106.)

Kettenstich in Bäumchenform

Als erstes müßt ihr wieder einen schrägen Kettenstich machen, dann stecht ihr ungefähr 1 cm darunter so ein, daß ein gerader Strich entsteht, der schräg (und zwar links) nach unten zeigt. Dann stecht ihr ungefähr 1 cm

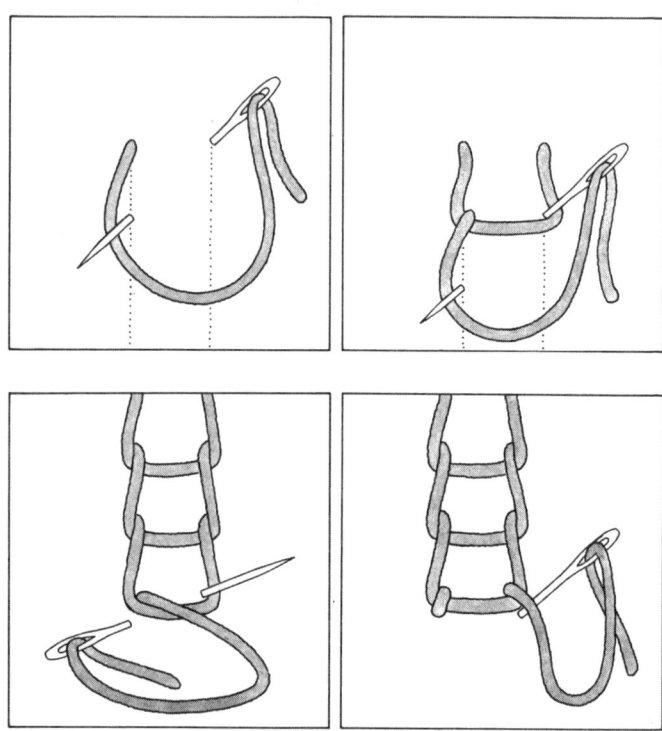

Offener Kettenstich

weiter nach links und 1 cm weiter nach oben wieder aus. Nun stecht ihr genau rechts neben der Ausstichstelle wieder ein, und schließlich müßt ihr dort wieder ausstechen, wo das Ende des ca. 1 cm langen Strichs ist; vergeßt dabei aber nicht, den Faden unter die Nadelspitze zu legen und dann erst den Faden durchzuziehen. Danach müßt ihr den nächsten Stich genau unter den

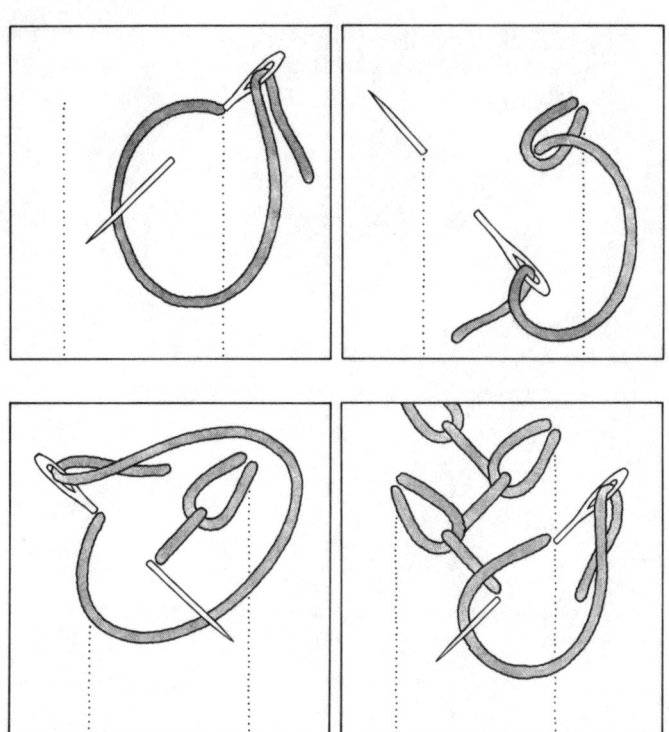

Kettenstich in Bäumchenform

ersten Stich, den übernächsten unter den zweiten Stich setzen, bis ihr das Bäumchen fertig habt.

Kreuzstich
Die Mühe der Kettenstiche liegt zurück, und man kann auf einen gewissen Erfolg zurückblicken.

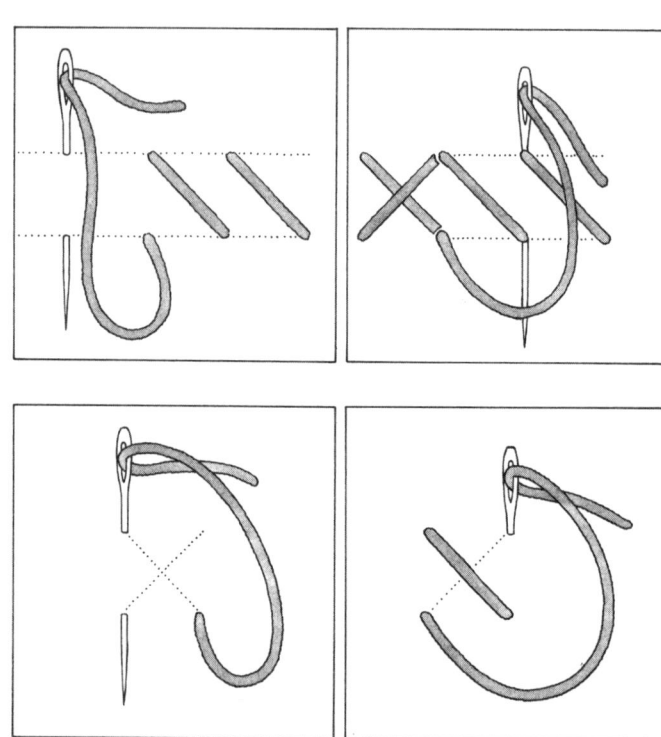

Kreuzstich

Jetzt geht's also los! Ihr braucht als erstes eine Reihe schräger Stiche. Dazu müßt ihr von rechts nach links arbeiten. Ihr stecht rechts unten von hinten nach vorn durch. Jetzt geht ihr ca. 0,5 cm nach links und ca. 0,5 cm nach oben und stecht dort wieder nach hinten durch. So, der erste Stich wäre getan, jetzt geht's zum zweiten.

Nun müßt ihr direkt 0,5 cm unter dem letzten

Einstich wieder nach vorn durchstechen, und dann geht's wieder genauso wie beim ersten Stich. Ihr geht 0,5 cm nach links, 0,5 cm nach oben und stecht dort wieder ein. So, das setzt ihr fort, bis ihr eine Reihe habt.

Aber halt! Das ist ja gar kein Kreuzstich! Tja, er ist eben noch nicht fertig. Nun müßt ihr von links nach rechts arbeiten. Ihr stecht genau 0,5 cm unter dem letzten Einstich von hinten nach vorn durch. Dann stecht ihr genau 0,5 cm nach rechts und 0,5 cm weiter oben wieder nach hinten durch, und zwar genau dort, wo der Einstich der vorherigen Reihe von Stichen war. Dann stecht ihr genau 0,5 cm darunter wieder beim Einstich nach vorn durch und macht so die Reihe fertig. So einfach ist der Kreuzstich also!

Doppelter Kreuzstich
Dieser Stich sieht aus wie ein Sternchen, Ihr könnt damit also eurer Phantasie freien Lauf lassen! Also, los geht's!

Ihr müßt wieder unten rechts ausstechen. Eingestochen wird 0,5 cm weiter links und 0,5 cm weiter oben. Dies ist bis jetzt also genauso wie der Kreuzstich. Dann stecht ihr 0,5 cm direkt unter dem letzten Einstich wieder aus. So, das wäre schon mal geschafft. Hoffentlich sind eure Finger noch nicht allzusehr zerstochen! Jetzt stecht ihr 0,5 cm direkt über dem ersten Einstich wieder aus. Tja, jetzt haben wir aber erst einen Kreuzstich! Also, keine Müdigkeit vorschützen!

Jetzt stecht ihr 0,25 cm unter der Stelle aus, an der sich die beiden Fäden kreuzen. Diese Ausstichstelle muß genau auf der gleichen Linie liegen wie die beiden

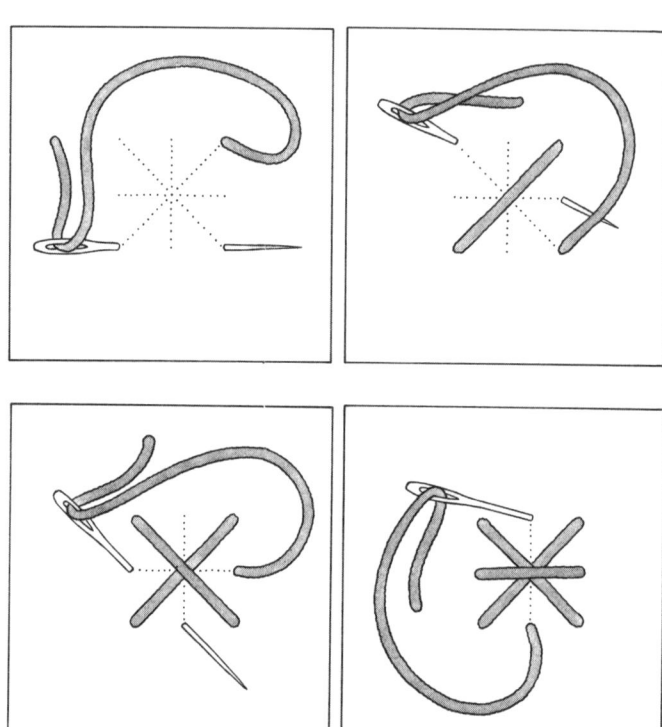

Doppelter Kreuzstich

unteren Einstiche. Dann stecht ihr senkrecht hoch, und zwar so, daß der Einstich genau zwischen (und auf gleicher Höhe) den beiden oberen Einstichen liegt.

Aber jetzt müssen wir unser Sternchen noch vervollständigen. Ihr müßt nach links wieder ausstechen, und zwar in der Mitte der beiden linken Einstiche. So, und jetzt geht's zum Endspurt. Nun stecht ihr genau gegen-

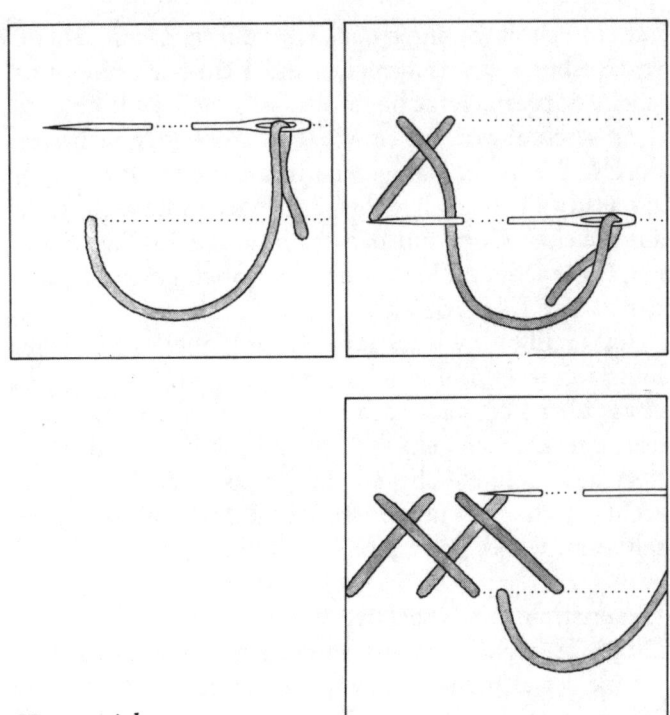

Hexenstich

über – und zwar wieder in der Mitte der beiden rechten Einstiche – nach hinten durch. So, nun ist unser Sternchen geschafft!

Hexenstich
Ihr müßt wieder von links nach rechts arbeiten und natürlich die Stiche in gleichen Abständen und gleich lang sticken. Klar, das ist ja schon selbstverständlich!

Ihr stecht links unten nach vorn durch. Dann geht ihr etwas über 1 cm nach rechts und 1 cm nach oben und stecht dort ein. Jetzt bleibt ihr auf gleicher Höhe, und dann stecht ihr ca. 0,5 cm weiter links wieder nach vorn durch. Wenn ihr das geschafft habt, geht ihr wieder etwas über 1 cm nach rechts, 1 cm nach unten und stecht auf gleicher Höhe mit der ersten Einstichstelle wieder ein. So, wieder einmal ist der erste Stich geschafft, und der zweite folgt sogleich.

Jetzt müßt ihr wieder auf gleicher Höhe 0,5 cm weiter links ausstechen, und alles geht von vorn los: Ihr geht etwas über 1 cm nach rechts, 1 cm nach oben und stecht dort ein. Danach geht ihr 0,5 cm nach links und stecht dort aus. Schließlich geht ihr etwas über 1 cm nach rechts, 1 cm nach unten und stecht dort wieder ein. So schlimm, wie es sich anhört, ist es doch gar nicht, oder?

Hexenstich mit Überfangstichen

Dieser Hexenstich ist als Variante gedacht, so daß das Ganze etwas mehr Schwung bekommt.

Zuerst stickt ihr eine Reihe Hexenstiche. Ihr wißt schon nicht mehr, wie das geht? Also, dann zurück zum Hexenstich! Lest es euch noch mal genau durch und schaut euch die Bilder dazu an! Ihr habt wohl nicht richtig geübt, oder?

Na also, jetzt wissen wir's ja wieder. So, wie gesagt, nun stickt ihr eine Reihe Hexenstiche. Wenn ihr die habt, nehmt ihr eine andere Garnfarbe zur Hand, und dann beginnen wir mit den Überfangstichen.

Ihr müßt jetzt von rechts nach links arbeiten. Ihr beginnt also beim ersten rechten Fadenkreuz. Dort

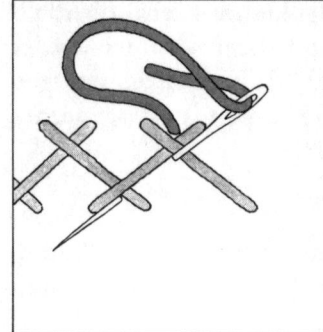
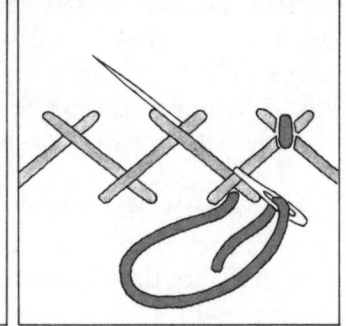
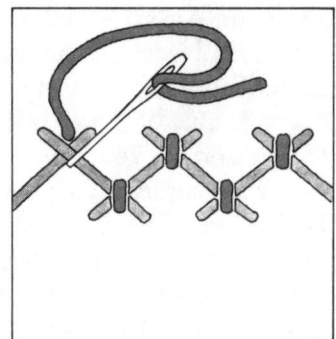

*Hexenstich mit
Überfangstichen*

stecht ihr direkt oberhalb des Kreuzes aus, allerdings ohne in den Faden des Kreuzes einzustechen. Danach stecht ihr beim gleichen Fadenkreuz direkt darunter aus. Schon ist der erste Überfangstich fertig. Das ist doch wirklich keine Kunst! Danach stecht ihr unten, und zwar unterhalb des nächsten Fadenkreuzes, wieder aus, direkt darüber wieder ein.

Also: Bei den oberen Fadenkreuzen wird oberhalb des Kreuzes ausgestochen und dann darunter wieder eingestochen. Bei den unteren Fadenkreuzen dagegen stecht ihr unterhalb des Kreuzes aus und darüber wieder ein. Das ist der ganze Zauber!

Geschlossener Hexenstich
Dieser Stich wird auch Blattstich genannt. Warum wohl? Richtig! Weil er zum Aussticken von Blättern benutzt wird.

Hier sieht man die Kreuze auch nicht sehr, da sie sich gleich am Ansatz kreuzen.

So, am besten ist, ihr zeichnet euch als erstes mit einem Bügelstift oder etwas Ähnlichem ein Blatt auf, das spitz zuläuft. Dann nehmt ihr Nadel und Faden zur Hand, und los geht's!

Jetzt stecht ihr an der „zukünftigen" Blattspitze aus. Ja, noch etwas: Am besten ist es, ihr zeichnet euch eine Mittellinie zur Orientierung.

Also, wenn ihr ausgestochen habt, dann müßt ihr genau auf der Mittellinie nach 0,5 cm wieder einstechen. Schon ist die Blattspitze fertig. Dann stecht ihr links von der Blattspitze – natürlich genau an der vorgezeichneten Kontur – wieder nach vorn durch. Jetzt stecht ihr ein paar Millimeter rechts neben der Mittellinie durch und kommt dann gleich rechts neben der Blattspitze wieder nach vorn. Danach stecht ihr links neben der Mittellinie wieder ein und kommt unterhalb des ersten Stichs auf der linken Seite nach vorn. Achtet dabei immer darauf, daß ihr genau an der Kontur entlang arbeitet. Danach stecht ihr wieder rechts neben der Mittellinie ein und auf

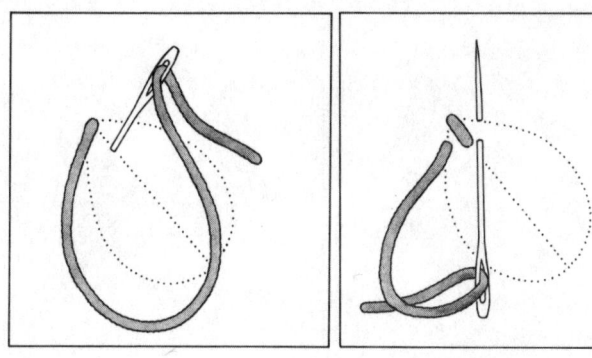

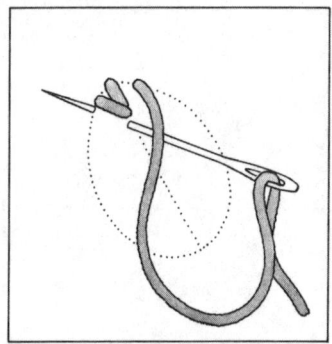
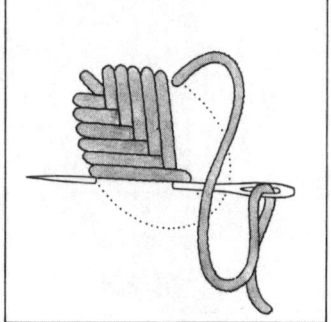

Geschlossener Hexenstich

der rechten Blattseite wieder aus. Beachtet auch, daß die Stiche so dicht aneinanderliegen müssen, daß der Stoff nicht durchscheint. Nun stickt ihr immer weiter, bis das Blatt fertig ist.

Bäumchenstich
Den Bäumchenstich müßt ihr von oben nach unten sticken. Am besten zieht ihr euch drei Linien nebenein-

115

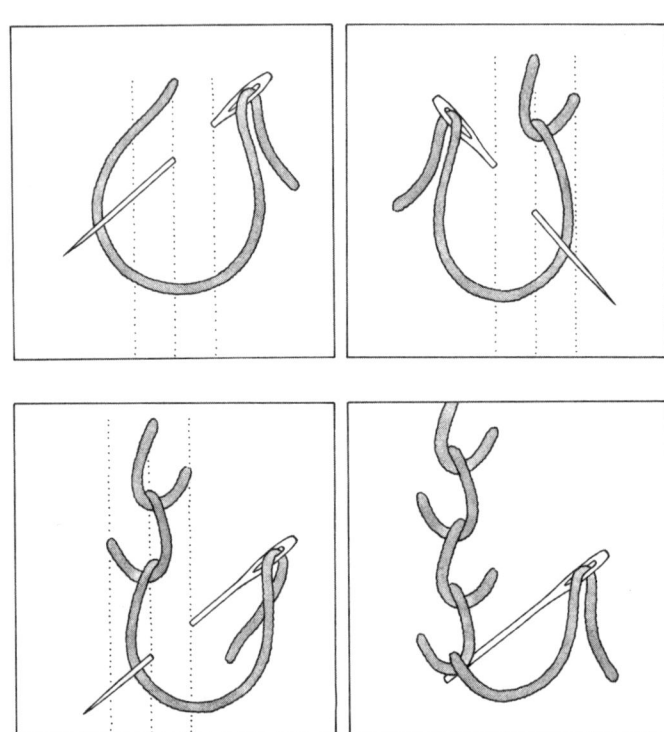

Bäumchenstich

ander von oben nach unten. Zwischen den Linien sollte ein Abstand von je 0,5 cm sein.

Nun stecht ihr auf der mittleren Linie aus. Dann stecht ihr ca. 0,5 cm weiter unten auf der rechten Linie wieder ein, zieht den Faden aber noch nicht ganz durch. Jetzt stecht ihr 0,5 cm weiter unten auf der mittleren Linie wieder aus, legt den Faden unter die Nadelspitze und zieht ihn durch.

Also müßt ihr bei jedem Stich 0,5 cm nach unten rücken.

Jetzt stecht ihr 0,5 cm weiter unten auf der linken Linie wieder ein, 0,5 cm weiter unten auf der mittleren Linie wieder aus, legt den Faden unter die Nadelspitze und zieht ihn durch.

Jetzt geht es auf der rechten Seite wieder weiter. Ihr stecht auf der rechten Linie ein, auf der mittleren Linie stecht ihr aus, legt den Faden unter die Nadelspitze und zieht ihn durch. Die letzte Schlinge befestigt ihr mit einem kleinen Stich, damit sie nicht mehr entwischen kann.

Geschlossener Bäumchenstich
Hier müßt ihr keine Kurven mehr sticken! Atmet da jemand erleichtert auf? Ihr solltet euch aber auch wieder zwei Hilfslinien von oben nach unten zeichnen, die ca. 1 cm voneinander entfernt sind.

Ihr stecht genau auf der linken Hilfslinie von hinten nach vorn durch. Dann stecht ihr auf der rechten Seite ca. 0,5 cm weiter oben wieder ein. Jetzt stecht ihr 1 cm unter dem Einstich der rechten Seite (ebenfalls auf der rechten Hilfslinie) wieder aus, legt den Faden unter die Nadelspitze und zieht ihn durch. So, der erste Stich ist geschafft! Ihr freut euch doch, oder? Wehe, wenn nicht!

Jetzt müßt ihr euch wieder auf die linke Seite schlagen. Dort stecht ihr direkt unter der ersten Ausstichstelle ein, stecht 1 cm darunter wieder aus und legt den Faden vor dem Durchziehen wieder unter die Nadelspitze.

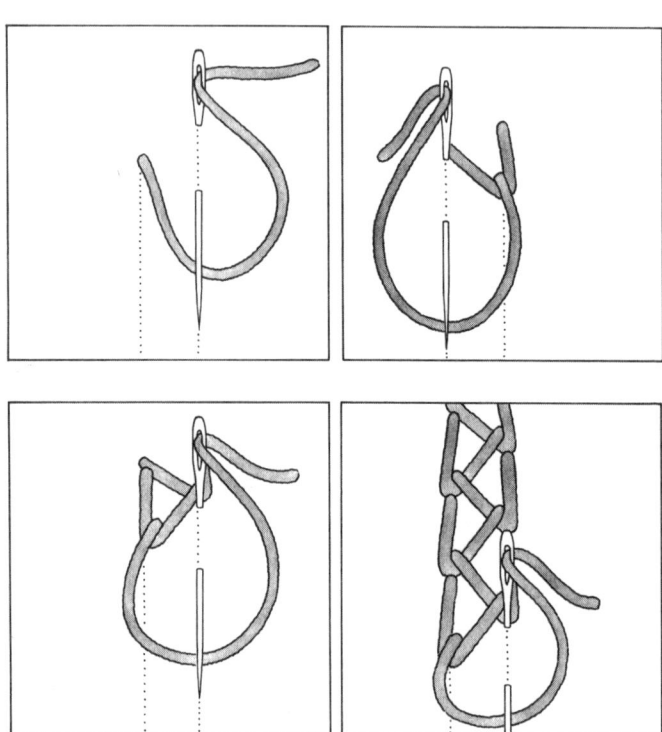

Geschlossener Bäumchenstich

Nun geht es wieder nach rechts. Dort stecht ihr direkt unter der Ausstichstelle ein, 1 cm darunter aus und legt wieder einmal den Faden unter die Nadelspitze.
So könnt ihr das beliebig lange fortsetzen.

Zweigstich
Wenn wir schon einen Bäumchenstich haben, brauchen

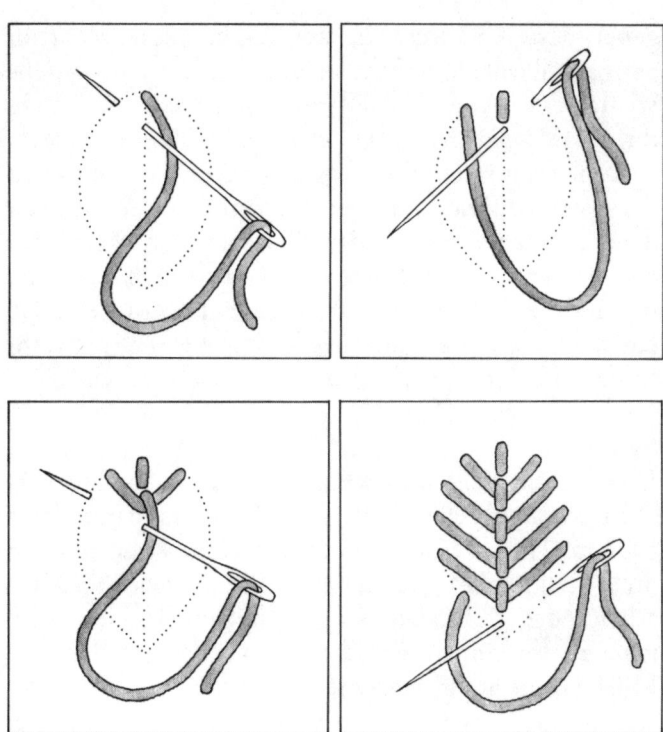

Zweigstich

wir auch einen Zweigstich. Dieser eignet sich besonders zum Sticken von Nadelbaumzweigen; aber ihr könnt ihn auch zum Aussticken von Blättern benutzen.

Am besten zeichnet ihr euch ein Blatt mit Spitze nach unten auf, und schon kann's wieder ans Sticken gehen. Also, ergreift Nadel und Faden!

Ihr stecht jetzt oben in der Mitte aus, dann ca. 0,5 cm

genau darunter stecht ihr wieder ein. Nun stecht ihr einige Millimeter links von der ersten Ausstichstelle wieder aus. Aber halt! Zieht den Faden noch nicht durch; mit dem haben wir nämlich noch etwas vor.

Denn jetzt stecht ihr im gleichen Abstand rechts von der ersten Ausstichstelle ein, dann müßt ihr direkt unter dem geraden Stich in der Mitte wieder nach vorn ausstechen, den Faden unter die Nadelspitze legen und durchziehen. Dann stecht ihr wieder in der Mitte ca. 0,5 cm weiter unten ein und wiederholt die Stiche, bis ihr fertig seid. Jetzt geht's also wieder nach rechts.

Sandstich
Dieser Stich sieht wirklich aus wie lauter Sandkörner.

Ihr stecht an einer beliebigen Stelle aus, dann gleich nach ca. 2 mm wieder nach unten durch. Wenn euch ein Stich zu unauffällig erscheint, könnt ihr gleich daneben (aber ganz dicht daneben) noch einmal einen Stich machen. Ihr könnt die Stiche also in beliebiger Ordnung (oder Unordnung) sticken!

Knötchenstich
Ihr stecht jetzt irgendwo – aber bitte auf dem vorgesehenen Stoff! – aus. Dann wickelt ihr mit der linken Hand den Faden zweimal um die Nadel und zieht ihn fest an. So, jetzt stecht ihr direkt neben der Ausstichstelle wieder ein. Aber Moment mal! Laßt den Faden nicht einfach los, das gibt bloß ein wüstes Durcheinander. Entweder ihr haltet ihn fest, oder ihr laßt ihn leicht durch die Finger gleiten, bis er ganz durchgezogen ist. Auch die Knötchen könnt ihr ganz wie ihr wollt

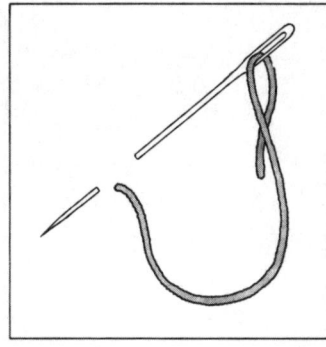
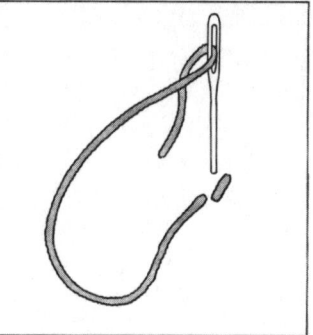

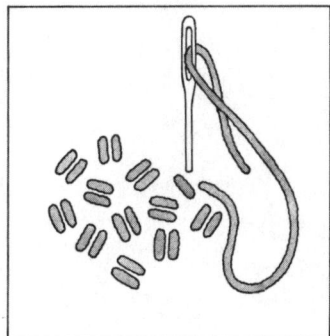

Sandstich

verteilen. Ach, ihr wollt größere Knötchen haben? Na gut, dann wickelt ihr den Faden einfach öfter um die Nadel, dann werden die Knötchen gleich viel dicker. (Bilder siehe S. 122.)

Gittermuster
Jetzt versuchen wir einmal ein Gitter zu sticken.
Das ist in der Größe auch sehr variabel. Ihr könnt erst

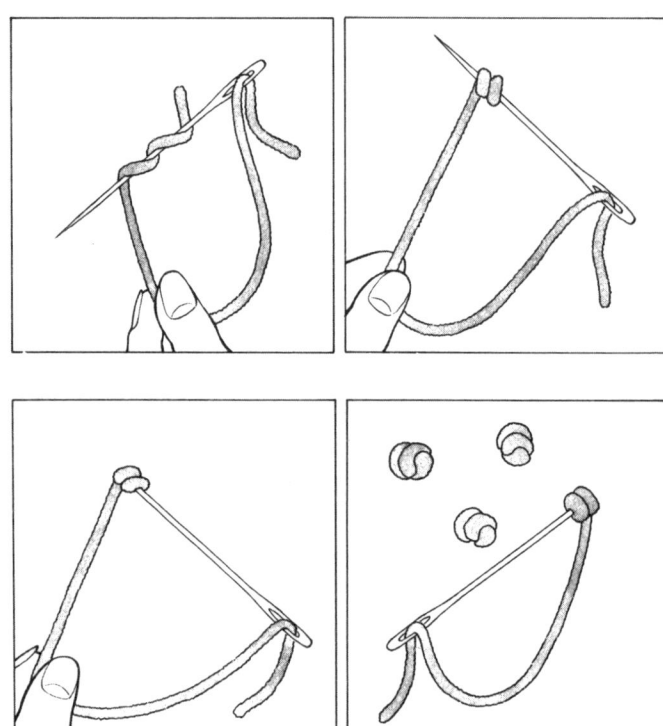

Knötchenstich

einmal links oben ausstechen. Dann stickt ihr von links nach rechts lauter Querbalken. Also, stecht ungefähr 5 cm weiter rechts wieder ein. Dann stecht ihr. ca. 1 cm genau darunter wieder aus, und genau gegenüber stecht ihr wieder nach hinten durch. Aber achtet darauf, daß ihr genau unter der ersten Ausstichstelle einstecht, denn sonst wird es ungleichmäßig. Macht ungefähr sieben

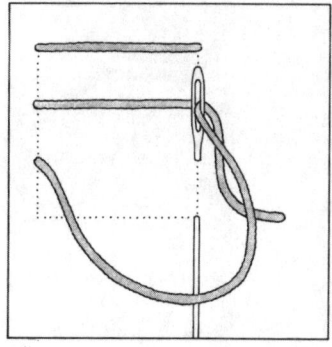
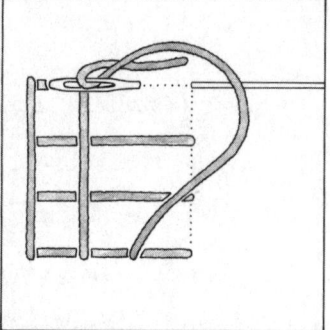
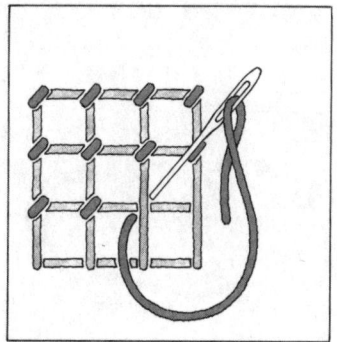

Gittermuster

Querbalken, immer im Abstand von 1 cm.

Dann müssen natürlich auch noch Längsbalken her! Ihr stecht oben links bei eurer allerersten Ausstichstelle wieder nach vorn durch. Dann stecht ihr beim untersten Querbalken nach hinten durch. Jetzt stecht ihr 1 cm weiter rechts wieder aus und oben am ersten Querbalken wieder ein. So, das macht ihr jetzt, bis das Gitter fertig ist.

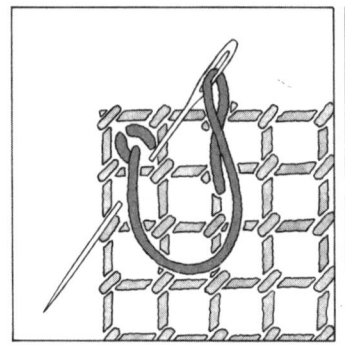
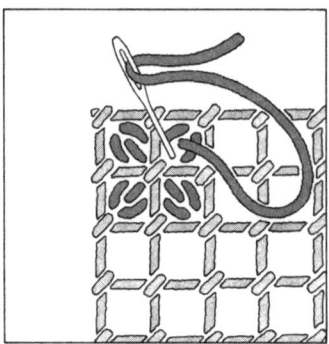

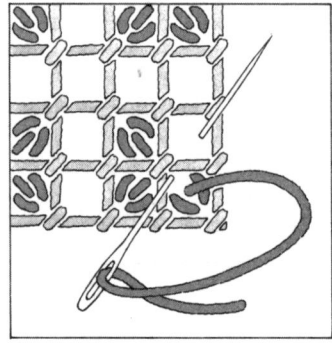

Gittermuster

Nun ist die ganze Angelegenheit aber doch sehr wackelig. Jetzt macht ihr von oben links (und zwar reihenweise hin und her) an jedem Schnittpunkt lauter schräge Überfangstiche. Was? Ihr wißt nicht, was das ist? Das haben wir doch schon gelernt? Setzt mal ganz schnell eure grauen Gehirnzellen in Bewegung! Ja, richtig! Wir stechen also ganz oben links knapp außerhalb des Gitters auf der Seite des Längsbalkens aus.

Danach stechen wir direkt über dem Querbalken wieder ein. Das machen wir jetzt also mit allen Schnittpunkten – macht ja nicht schlapp! Ihr könnt die Überfangstiche natürlich auch in einer anderen Farbe stikken, wenn ihr wollt.

Dieses Gittermuster könnt ihr beliebig variieren. Ihr könnt z. B. Kreuzchen oder einzelne Kettenstiche in die Kästchen sticken.

Natürlich könnt ihr das Gittermuster auch diagonal sticken. Ihr macht einfach die Balken schräg. Also, laßt eurer Phantasie freien Lauf!

Einfacher Vorstich
Diese Stichart könnt ihr zur Betonung von Konturen verwenden. Häufig braucht ihr sie aber für die Richelieustickerei, um dem Gestickten mehr Festigkeit zu geben.

Ihr könnt den Vorstich als gerade Linie, aber auch als Kurven sticken. Am besten ist, ihr zeichnet euch erst eine beliebige Kontur auf. Dann geht's los!

Der Vorstich wird von rechts nach links gearbeitet. Deshalb stechen wir rechts von hinten nach vorn durch (bleiben immer auf der vorgezeichneten Kontur), und nach ca. 0,5 cm stechen wir wieder nach hinten durch. Jetzt führen wir den Faden erst wieder nach 0,5 cm nach vorn durch.

Der Vorstich sieht also wie eine gestrichelte Linie aus. Achtet immer darauf, daß Stiche und auch Zwischenräume gleichmäßig werden! Ihr könnt auch die Stiche etwas länger machen als die Zwischenräume. (Bilder siehe S. 126.)

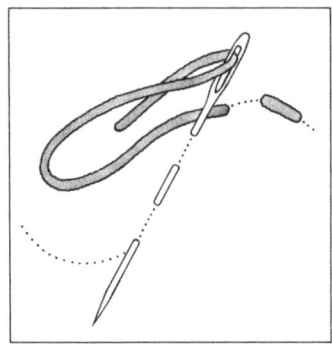
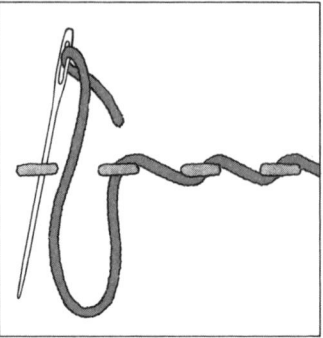

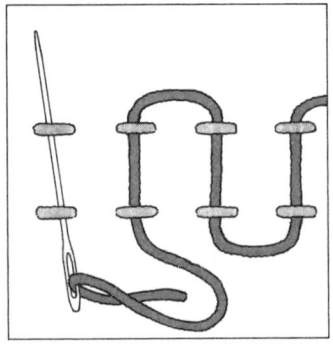

Vorstich

Plattstich

Mit diesem Stich könnt ihr Musterflächen ausfüllen.

Zuerst zeichnet ihr euch zwei waagrechte Hilfslinien auf. Der Abstand zwischen den beiden Linien sollte ca. 1 cm betragen.

Nun müßt ihr von links nach rechts arbeiten. Ihr stecht am linken Ende der unteren Hilfslinie aus. Dann

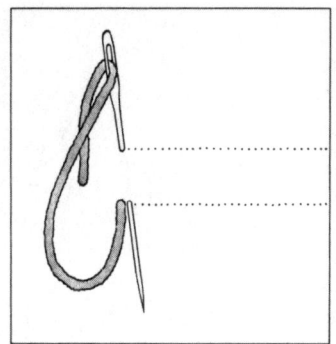 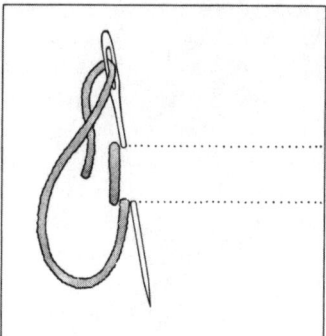

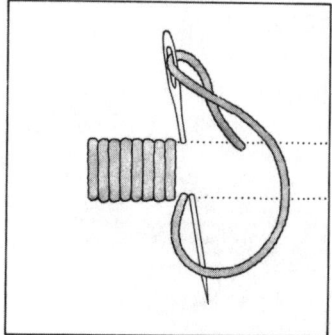

Plattstich

stecht ihr am Ende der oberen Hilfslinie wieder ein, so daß ein senkrechter Strich entsteht.

Jetzt stecht ihr auf der unteren Hilfslinie aus, und zwar direkt rechts neben dem ersten Stich. Danach stecht ihr oben rechts neben dem Stich wieder ein. So könnt ihr das fortsetzen, bis euer Musterstück ausgefüllt ist. Je enger ihr die Stiche nebeneinander setzt, um so schöner wird das Ergebnis – die Mühe lohnt sich!

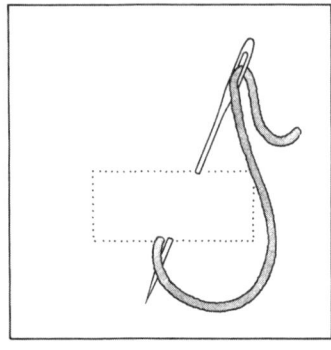
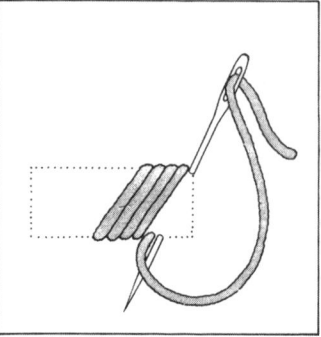

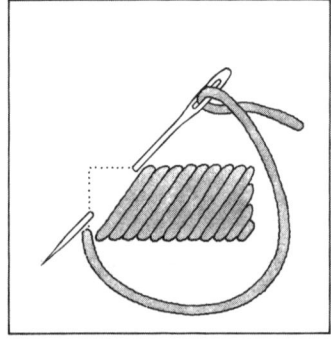

Schräger Plattstich

Schräger Plattstich
Diesen Stich müßt ihr von der Mitte eures Musterstücks aus arbeiten. Auf diese Weise entsteht ein bestimmter Winkel.

Also, zeichnet euch ein Rechteck auf. Dann arbeitet ihr von der Mitte aus schräg nach rechts die Plattstiche. Wenn ihr mit der rechten Seite fertig seid, stickt ihr

STICKEN

Deckchen aus Kreuzstichen – S. 135

Kissen nach Richelieustickerei — S. 137

PATCHWORK

Oben: Topflappen mit applizierter Tomate — S. 153
Unten: „Spitzen"-Bild — S. 154

Patchworkdecke — S. 156
Diese Decke kann man auch aus vielen kleinen Dreiecken zusammennähen

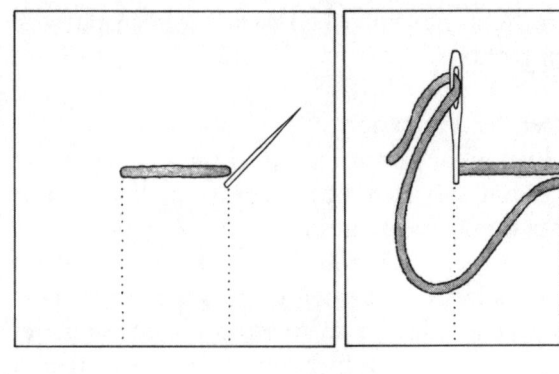

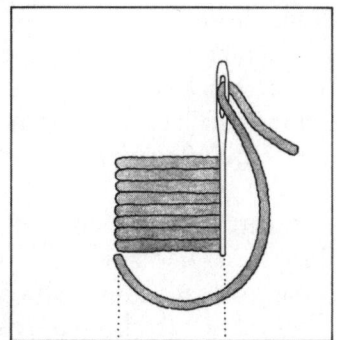

Waagrechter Plattstich

wieder von der Mitte aus die linke Seite. Hier müßt ihr von rechts nach links arbeiten.

Waagrechter Plattstich
Ihr könnt den Plattstich nicht nur senkrecht, sondern auch waagrecht machen. Dafür zieht ihr euch zwei senkrechte Hilfslinien, die ca. 1 cm voneinander entfernt sind. Dann arbeitet ihr den Plattstich genauso wie

den senkrechten, nur von oben nach unten anstatt von links nach rechts.

Übergreifender Plattstich
All diese Plattstiche könnt ihr natürlich beliebig variieren. Ihr könnt sie auch übergreifend sticken. Dafür stickt ihr erst eine Reihe gewöhnliche Plattstiche, also von links nach rechts. Darunter stickt ihr – eventuell mit einer Kontrastfarbe – wieder eine Reihe Plattstiche, aber diese Reihe müßt ihr so sticken, daß der Stich der unteren Reihe genau zwischen zwei Stichen der oberen Reihe liegt.

Hier könnt ihr so viele Reihen machen, bis euer Musterstück voll ist. Der Vorteil an diesem Stich ist, daß ihr innerhalb eures Musters durch Kontrastfarben mehrere Farbschattierungen erzielen könnt.

Versetzter Plattstich
Ihr stickt die erste Reihe von links nach rechts, und zwar so, daß immer abwechselnd ein langer und ein kurzer Stich erscheinen. Also stickt ihr erst einen Stich, der ca. 0,75 cm lang ist, der zweite sollte ungefähr doppelt so lang sein. Das macht ihr immer abwechselnd so, bis ihr die erste Reihe habt.

Die zweite Reihe stickt ihr dann von rechts nach links. Hier stickt ihr nur lange Plattstiche, und zwar immer unter den kurzen Plattstichen.

Alle anderen Reihen stickt ihr ebenfalls nur mit langen Plattstichen, die die Zwischenräume der vorhergehenden Reihe ausfüllen müssen.

Nur die letzte Reihe stickt ihr nur mit kurzen Plattsti-

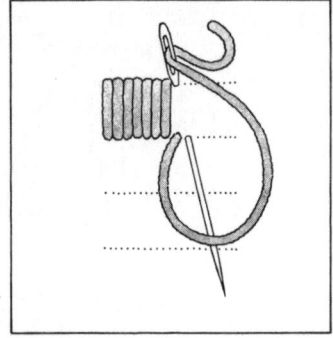
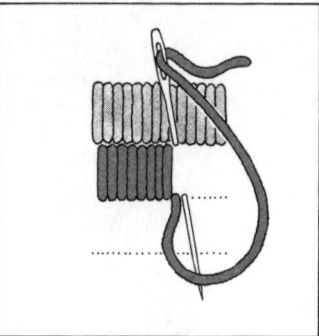

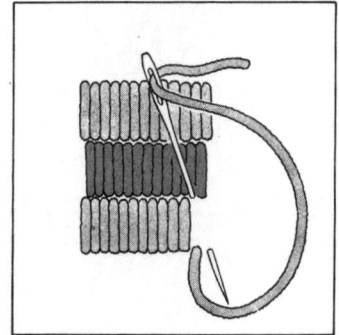

Übergreifender Plattstich

chen, damit ihr eine gerade Kante bekommt. (Bilder siehe S. 132).

Grundwebstich
Keine Angst, Ihr müßt euch jetzt keinen Webrahmen anschaffen! Wir sind schon noch beim Sticken.
Mit diesem Stich könnt ihr wieder Flächen ausfüllen. Zuerst zieht ihr euch am besten ein paar Hilfslinien.

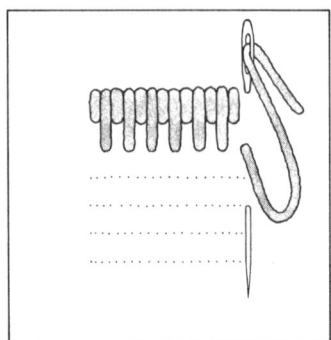 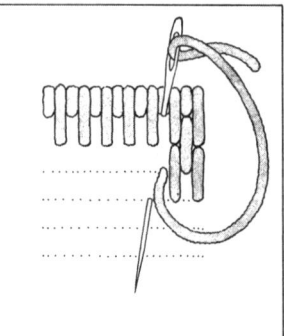

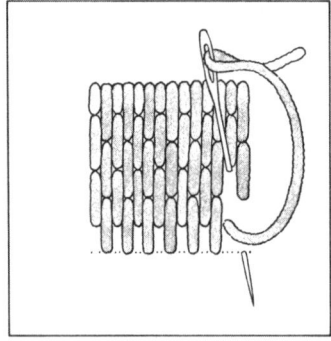

Versetzter Plattstich

Wenn ihr euch senkrecht neun Hilfslinien zieht, wird das Stück ca. 3 cm breit. Die Hilfslinien sollten ca. je 0,5 cm voneinander entfernt sein.

Dann stecht ihr am unteren Ende der Hilfslinie, die ganz rechts liegt, aus und ca. 3 cm weiter oben wieder ein. Dann stecht ihr auf der nächsten Hilfslinie oben wieder aus und links neben der ersten Ausstichstelle wieder ein. Das macht ihr so lange, bis euer Stickstück

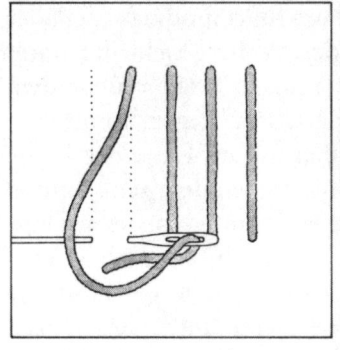
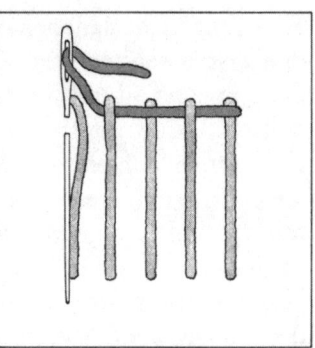
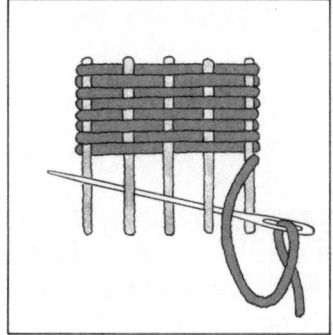

Grundwebstich

die passende Breite hat.

So, jetzt geht's mit dem Weben los! Nein, ihr braucht doch keinen Webrahmen! Am besten nehmt ihr jetzt eine stumpfe Nadel. Ihr könnt auch eine Kontrastfarbe nehmen, aber natürlich nur, wenn ihr wollt. Wenn ihr ein einfarbiges Stück haben wollt, benutzt ihr für die Querfäden eben die gleiche Farbe. Dann stecht ihr rechts oben neben dem Stich, der ganz rechts liegt, aus, aber ganz dicht daneben! Dann führt ihr die Nadel über den ersten senkrechten Faden drüber, zieht ihn unter dem zweiten durch, dann muß er wieder über dem dritten, dann unter dem vierten zu liegen kommen – also immer auf und ab. Wenn ihr am Ende der Reihe angelangt seid, stecht ihr links neben dem senkrechten Stich ein und einige Millimeter darunter wieder aus und beginnt die Rückreihe. Die Rückreihe wird genau entgegengesetzt gearbeitet. Also dort, wo bei der Hinreihe der Faden oben lag, muß er jetzt unten liegen und umgekehrt. Bei der dritten Reihe muß es dann wieder so gemacht werden wie bei der ersten Hinreihe.

c) Praktische Anwendung

Monogramm
Endlich ist es soweit! Nun könnt ihr eure Kunst gleich einmal ausprobieren. Ihr könnt damit z. B. einen Bademantel verzieren.

Ihr braucht als erstes Seidenpapier und Bleistift. Dann zeichnet ihr eure Initialen entweder nebeneinander oder untereinander (ganz wie ihr wollt) auf. Achtet dabei darauf, daß die Buchstaben groß genug und breit genug sind, so daß ihr sie gut mit Plattstichen besticken könnt. Ob ihr Schreibschrift oder Druckbuchstaben verwendet, bleibt ganz eurem Geschmack überlassen. Am besten zeichnet ihr die Buchstaben ca. 2 cm hoch.

Dann steckt ihr das Seidenpapier mit den Buchstaben an der Stelle fest, wo ihr das Monogramm haben wollt.

So, jetzt greift einmal zu Nadel und Faden und stickt an euren Linien im Vorstich entlang. Das Papier auf dem Stoff feststicken! Keine Angst, es wird nicht für immer dort bleiben. Denn wenn ihr jetzt alle Linien nachgestickt habt, trennt ihr vorsichtig das Papier an den Stichen entlang ab; danach habt ihr also nur noch die Vorstiche.

Jetzt nehmt ihr wieder eure Sticknadel und ein passendes Stickgarn und stickt mit Plattstich über die Vorstiche, bis eure Initialen fertig sind. Achtet aber darauf, daß man die Vorstiche nicht mehr sehen kann. Vergeßt auch nicht, die Fäden auf der Rückseite zu vernähen, denn sonst habt ihr nicht lange Freude an eurem Kunstwerk!

Deckchen aus Kreuzstichen
Nun könnt ihr den Kreuzstich anwenden, den ihr ja wohl hoffentlich inzwischen könnt. Nein? Na, dann aber schnell wieder zurückblättern und nachlesen!

Am besten ist es, ihr zeichnet euch die Vorlage als erstes auf kariertes Papier auf. Dann steckt ihr es zusammen mit Schneiderkopierpapier auf eurem Stoff fest.

Ach ja, ihr braucht ein weißes Baumwollstoffstück, das ungefähr 30 × 30 cm groß ist.

Wenn ihr die Vorlage aufgesteckt habt, nehmt ihr einen Stift und zeichnet die Kreuzchen wieder nach. Durch das Kopierpapier drückt sich das Muster dann auf den Stoff durch. Aber keine Angst! Wenn ihr das Deckchen zum ersten Mal wascht, verschwindet die Farbe wieder.

Dann kann's mit dem Sticken losgehen. Am besten nehmt ihr eine spitze Sticknadel, die nicht zu dick ist. Natürlich braucht ihr auch noch Garn. Nun könnt ihr euch eine der vielen Garnarten aussuchen, denn für den Kreuzstich eignet sich so ziemlich jedes Garn. Natürlich müßt ihr das Motiv nicht bunt sticken; ihr könnt es auch in einer Farbe sticken. Also, wenn ihr mehrere Farben benutzen wollt, dann sucht euch die passenden Farben aus und kauft von jeder Farbe einen Strang. Da ihr dann eine ziemliche Masse an Garn haben werdet, wird wohl etwas übrigbleiben, aber das wird für euch doch kein Problem werden, denn ihr findet sicher (spätestens beim nächsten Deckchen) Verwendung dafür! Wenn ihr nur eine Farbe verwendet, dürfte euch sogar ein Strang genügen. Aber fragt vorsichtshalber vorher noch, ob ihr das Garn nachkaufen könnt.

So, also frisch ans Werk! Nun habt ihr also die Vorlage auf den Stoff übertragen. Jetzt nehmt ihr Nadel und Faden zur Hand und fangt einfach in der Mitte mit den drei Kreuzchen an. Dann arbeitet ihr euch von innen nach außen durch. Also, erst die Mitte, dann die Blüte sticken. Stickt jedes einzelne Motiv aus. Auf diese Weise vermeidet ihr, daß sich die Fäden zu weit über die Arbeit verteilen.

Natürlich könnt ihr das Deckchen auch als Bild einrahmen oder ein Kissen daraus nähen.

Kissen nach Richelieustickerei
Nun geht es an die berühmt-berüchtigte Richelieuarbeit. Aber es ist nur halb so wild, wie es sich anhört.

Wir probieren das jetzt gleich einmal an einem Kissen aus. Dieses Kissen wird ca. 40 cm groß und rund. Dafür braucht ihr 45 cm reines weißes Leinen oder reine weiße Baumwolle; dieser Stoff soll 90 cm breit sein. Dann braucht ihr noch etwas farbigen Taft zum Unterlegen. Am besten fragt ihr im Stoffgeschäft, ob es dort Reste gibt. Zum Unterlegen braucht ihr dann noch Qualität Mouliné, und zwar einen Strang in Weiß. Und schließlich noch drei Stränge Vierfachstickgarn in Weiß; mit diesem wird die Stickerei dann ausgearbeitet.

Nun faltet ihr den Stoff zu einem Quadrat von 45 × 45 cm und zeichnet auf die eine Seite einen Kreis

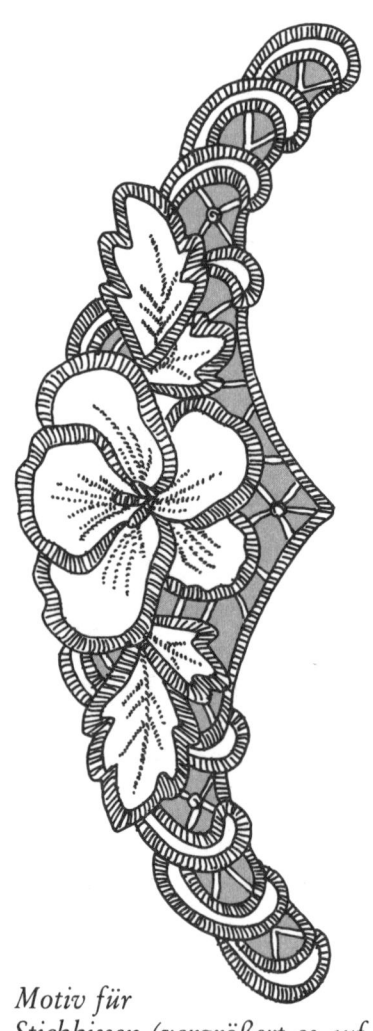

Gegenseitiger Schlingstich

Motiv für Stickkissen (vergrößert es auf 23,5 cm, oder so, wenn ihr wollt) von 40 cm Durchmesser. Den Kreismittelpunkt verbindet ihr mit dem Kreis durch eine feine Bleistiftlinie.

Dann übertragt ihr die Musterzeichnung auf Pauspapier, knickt sie in der Hälfte und steckt sie mit Schneiderkopierpapier auf den Stoff, und zwar so, daß der Kniff auf der Bleistiftlinie liegt. Jetzt übertragt ihr den Entwurf auf den Stoff und nehmt Vorlage und Kopierpapier wieder ab. Nun nehmt ihr die Sticknadel, die spitz und nicht zu dick sein sollte, und umrandet mit zweifädig abgespaltenem Mouliné die Blüten, Blätter und Bögen. Dann könnt ihr die soeben mit Vorstich gestickten Ränder noch mit Kettenstichen auslegen, dadurch erhält das Gestickte mehr Halt und Festigkeit.

Wenn ihr alle Ränder fertig habt, dann spannt ihr mit Mouliné von den einen zu den anderen Rändern Stege. Die Stege sind in der Musterzeichnung ebenfalls weiß gezeichnet und liegen über dem grauen Untergrund. Ihr müßt also immer zwei Fäden nebeneinander spannen.

Dann nehmt ihr das Vierfachstickgarn und überstickt damit die Blüten, Blätter und Böden im Knopflochstich. Dann kommen die Stege unter die Nadel. Hier brauchen wir jetzt noch eine neue Stichart: den *gegenseitigen Schlingstich*.

Ihr fangt also jetzt am unteren Ende des Stegs an und stecht direkt am Rande des Knopflochstichs von hinten nach vorn durch. Dann stecht ihr unter dem linken Steg durch nach vorne. Achtet dabei aber darauf, daß ihr nie in den Stoff einstecht! Dann führt ihr den Faden über den rechten Steg, umschlingt ihn mit dem Faden und kommt knapp darüber wieder zwischen beiden Stegen nach vorn durch. Dann umschlingt ihr den linken Steg mit dem Faden und stecht wieder zwischen beiden Stegen nach vorn durch. Achtet darauf, daß die Schlingen sehr dicht aneinander liegen, denn sonst sieht alles ziemlich schlampig aus. Die Stege, die sich überkreuzen, haltet ihr dann mit einer kleinen Spirale zusammen. Ihr müßt also die sich überkreuzenden Stege mit einer kleinen Schlinge verbinden. Wenn ihr alle Stege fertig habt, werden die Staubgefäße und die Blattadern „fertiggemacht". Nun stickt ihr die Blattadern mit dem Vierfachstickgarn im Stielstich. Den haben wir doch auch schon gelernt, oder vielleicht nicht?

So, die gröbste Arbeit ist getan. Nun kommt etwas zum Entspannen. Ihr nehmt wieder Mouliné und unterlegt damit die Staubgefäße im Vorstich. Dann nehmt ihr das Vierfachstickgarn zur Hand und überstickt die Staubgefäße im Plattstich (den können wir auch schon!). So, „schon" ist die Stickarbeit fertig!

Jetzt müßt ihr nur noch unter den Stegen den Stoff wegschneiden, und zwar knapp an den Knopflochstichen entlang. Alles, was in der Musterzeichnung grau ist, muß weggeschnitten werden.

Dann müßt ihr entlang der Kreislinie das Kissen mit der zweiten Stoffhälfte verstürzt zusammennähen. Aber paßt auf! Ihr braucht ja noch einen kleinen Schlitz, um das Kissen zu füllen. Dann schneidet ihr den überstehenden Stoff weg und säumt die Kanten ein.

Schließlich nehmt ihr den farbigen Taft, schneidet ihn in der Größe des Kreises zu und näht ihn entlang der Kreislinie an. Dann wendet ihr das Kissen. Nun könnt ihr es z. B. mit Schaumstoff füllen. Dann näht ihr den Schlitz mit kleinen Stichen mit der Hand zu.

Patchwork

a) Was man braucht

Jetzt machen wir uns an Patchwork. Es sind lauter einzelne Stoffstücke, die meist verschiedene Farben und unterschiedliche Muster haben und zu einem großen Stoffstück, z. B. zu einer Decke, verarbeitet werden.

Als erstes braucht ihr natürlich verschiedene Stoffe. Achtet aber beim Stoffeinkauf darauf, daß die Stoffe in Gewicht, Struktur und Pflegeeigenschaften nicht zu unterschiedlich sind, da ihr sonst in Teufels Küche kommt! Natürlich solltet ihr auch eine Nähmaschine haben, da euer Werk sonst eine „Ewigkeitsarbeit" wird. Stecknadeln, Bleistifte, Millimeterpapier, Lineal und Radiergummi sind wohl in den meisten Haushalten vorhanden. Für das Herstellen von Schablonen verwendet ihr am besten Karton. Wenn ihr auch runde Schablonen haben wollt, braucht ihr noch einen Zirkel und für Kreisausschnitte einen Winkelmesser.

Den Faden wählt ihr entweder weiß oder passend zur Stoffarbe. Da ihr bei euren Stoffstücken noch etwas für die Nähte dazugeben müßt, braucht ihr auch noch Schneiderkreide. Für helle Stoffe nehmt ihr graue Kreide und für dunkle Stoffe weiße Schneiderkreide, damit die Linien auch gut abstechen.

b) Grundtechnik

Am einfachsten ist es, mit Quadraten zu arbeiten, da man hier nicht um die „Kurven" nähen muß. Hier könnt ihr auch eure Phantasie spielen lassen. Für diejenigen aber, die sich auf ihre Phantasie lieber nicht verlassen wollen, werden wir einige Anregungen geben.

Zeichnet euch als erstes ein Quadrat mit ca. 30 cm Seitenlänge (die Größe des Quadrats könnt ihr natürlich beliebig variieren) auf Karton auf. Dann unterteilt ihr dieses Quadrat einfach in vier gleich große Quadrate, die ihr dann in zwei verschiedenen Farben ausarbeiten könnt.

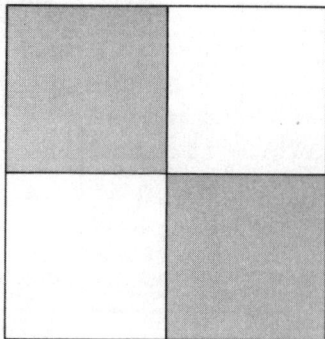

Schachbrett

Ihr könnt natürlich durch das Quadrat zwei Diagonalen machen. Das Muster sieht dann aus wie eine Windmühle.

Windmühle

Ihr könnt das große Quadrat auch in viele kleine Quadrate unterteilen und dann mit mehreren verschiedenen Farben ausarbeiten.

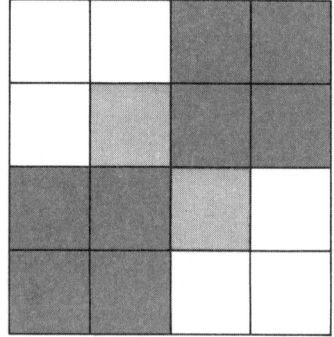

Bunte Quadrate

Ihr könnt auch einen Stern machen. Dafür müßt ihr euer Quadrat in 16 kleine Quadrate unterteilen. Das zweite Quadrat von oben links muß dann mit einer Diagonalen von oben links nach unten rechts durchzo-

Stern

gen werden. Das dritte Quadrat von oben links wird mit einer Diagonalen von oben rechts nach unten links durchgezogen. Dann müßt ihr in die zweite Quadratreihe von oben. Dort macht ihr die Diagonale gleich im ersten Quadrat von links oben nach rechts unten. Im letzten Quadrat von links muß die Diagonale von unten links nach oben rechts gezogen werden. Dann geht ihr wieder eine Reihe weiter nach unten. Dort macht ihr die Diagonale im ersten Quadrat von links von unten links nach oben rechts. Am Ende der Reihe wird das Quadrat dann durch eine Diagonale von oben links nach unten rechts geteilt. In der untersten Quadratreihe muß die Diagonale im zweiten Quadrat von links von unten links nach oben rechts gezogen werden. Gleich im nächsten Quadrat liegt die Diagonale von oben links nach unten rechts. So, schon ist ein Stern fertig!

Wenn ihr das Quadrat in neun kleine Quadrate unterteilt, könnt ihr den Stoff so zuschneiden, daß das mittlere Quadrat auf der linken Seite und die zwei

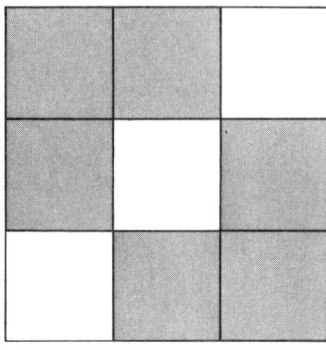

*Quadrate
mit Diagonale*

untersten Quadrate auf der linken Seite aus einem Stoffstück bestehen. Ebenso die beiden oberen Quadrate auf der rechten Seite und das mittlere Quadrat auf der rechten Seite. Dann entsteht durch die anderen drei Quadrate eine Diagonale von oben links nach unten rechts.

Ihr könnt euch auch sechseckige Schablonen anfertigen. Dann könnt ihr lauter bunte Sechsecke aneinandernähen.

Wenn ihr euch für eine Schablone entschieden habt, dann schneidet ihr aus den Schablonen die Formen aus, die ihr braucht. Jetzt legt ihr die Schablone auf starkes Papier, zeichnet sie nach und schneidet sie aus, aber nicht wegwerfen! Hebt sie auf, ihr werdet sie noch brauchen. Danach klebt ihr die ausgeschnittenen Teile auf starkes Papier und schneidet diese nach Zugabe von 0,5 cm wieder aus. Nun könnt ihr mit Hilfe der neuen Schablonen errechnen, wieviel Stoff ihr braucht. Dafür müßt ihr euch aufschreiben, wie oft jede Form in jeder

Farbe vorkommt. Da die Stoffbreite meistens 90 cm beträgt, teilt man 90 cm durch die Breite einer Schablone.

Tja, jetzt könnt ihr auch noch beweisen, ob ihr Meister der Mathematik seid! Wenn ihr also jetzt das Ergebnis habt, dann teilt ihr die Gesamtzahl der gleichfarbigen Wiederholungen der Form durch das soeben erhaltene Ergebnis. Das neue Ergebnis müßt ihr dann mit der Höhe einer Form multiplizieren. So, gebt's zu, ihr habt den Taschenrechner benutzt! Hoffentlich habt ihr jetzt das richtige Ergebnis erhalten, denn dieses Ergebnis ist die benötigte Länge des Stoffs!

Aber wir sind noch nicht fertig. Denn nun müßt ihr für jede Form und Farbe das gleiche machen, und dann addiert ihr die Gesamtlänge für jede Farbe. So einfach ist das! Aber kauft lieber etwas mehr Stoff. Wir wollen eure Rechenkünste nicht anzweifeln! Aber ihr müßt daran denken, daß durch das Zuschneiden ein Verlust an Stoff entsteht.

Wenn ihr euch jetzt den richtigen Stoff besorgt habt, legt ihr die Zuschneideschablonen auf die linke Stoffseite und zeichnet die Umrisse mit Schneiderkreide nach. Das wiederholt ihr so lange, bis alle Stücke, die ihr braucht, aufgezeichnet sind. Dann schneidet ihr die Stoffstücke entlang der Linien aus.

Nun nehmt ihr die Schablonen zur Hand, die ihr vorher ohne Nahtzugabe ausgeschnitten habt. Die braucht ihr jetzt nämlich, um die Nahtlinien zu markieren. Dafür legt ihr die Schablone so auf die linke Stoffseite, daß auf allen Seiten ungefähr die gleiche Nahtzugabe rausschaut. Dann nehmt ihr die Schneiderkreide zur Hand und zieht damit an den Schablonen entlang die Linien nach. Das macht ihr mit all euren Formen.

So, jetzt geht's ans Nähen. Nun sucht ihr euch die passenden Formen wieder zusammen. Dann steckt ihr sie rechts auf rechts an den Nahtlinien entlang mit Stecknadeln zusammen. Dann macht ihr euch auf den Weg zur Nähmaschine. Und jetzt näht ihr genau an der Nahtlinie entlang, aber vergeßt nicht, die Stecknadeln während des Nähens zu entfernen. Macht nicht den Fehler, das ganze Stück gleich auf einmal zusammenzustecken, sonst kommt ihr ins totale Chaos! Wenn ihr zum Beispiel ursprünglich lauter Quadrate hattet, die nun aus einzelnen Teilen bestehen, dann näht erst alle kleinen Quadrate zusammen. Wenn dann die Quadrate wieder vollständig sind, könnt ihr die Quadrate aneinanderreihen und zusammennähen. So werdet ihr viel leichter fertig, wenn ihr Reihe für Reihe zusammennäht.

Ihr könnt natürlich auch Applikationen auf eure Arbeiten machen. Wenn ihr zum Beispiel eine Decke mit bunten Blumen haben wollt, dann fertigt euch erst einmal eine Schablone dafür an. Als erstes zeichnet ihr euch jetzt einen Kreis (aber bitte mit Zirkel!) auf. Dann müßt ihr euch überlegen, wie viele Blütenblätter eure Blume haben soll. Ihr wißt es schon? Gut, denn jetzt hat wieder unseren Mathematikern die Stunde geschlagen! Nun teilt ihr die 360 Grad des Kreises durch die Anzahl eurer Blütenblätter. Das Ergebnis verrät euch, wie groß der Winkel für jedes einzelne Blütenblatt sein muß. Nun nehmt ihr einen Winkelmesser, legt ihn am Mittelpunkt eures Kreises an und markiert dann den Winkel auf der Kreislinie. Nun rundet ihr den Rand des Kreislinienausschnitts ab, so daß das Blütenblatt auch eine schöne Form bekommt. Dann zeichnet ihr vom Mittelpunkt des Kreises mit dem Zirkel einen kleinen Kreis auf. Der Keil ist die Schablone für alle Blütenblätter, und der kleine Kreis ist das Innere der Blüte. Nun könnt ihr den Keil auf die linke Stoffseite legen und mit Schneiderkreide nachzeichnen. Bevor ihr aber mit dem Zuschneiden des Stoffes beginnt, denkt bitte an 5 mm Nahtzugabe!

Ihr legt die Schablone so oft auf den Stoff, bis ihr alle Blütenblätter habt. Natürlich könnt ihr die Blütenblätter auch in verschiedenen Farben machen. Danach steckt ihr Blütenblatt für Blütenblatt rechts auf rechts aufeinander (nicht alle auf einmal) und näht sie nacheinander zusammen. Die Nähte müßt ihr anschließend auseinanderbügeln. Nun nehmt ihr euren kleinen Kreis, legt 0,5 cm Nahtzugabe nach hinten. Da sich die Nahtzugabe nicht richtig anpaßt, solltet ihr erst an der Nahtzugabe entlangnähen, dann schneidet ihr im Abstand von ca. 1,5 cm immer wieder ein und schlagt sie so ein, daß man weder von den Einschnitten noch von der Stütznaht etwas sieht. Nun legt ihr den kleinen Kreis auf die Blüte und näht ihn mit der Hand in kleinen Stichen so fest, daß die Stiche nicht sichtbar werden. Nun versieht ihr den Rand der Blütenblätter ebenfalls mit einer Stütznaht, schneidet die Kanten ein und schlagt sie dann um. Dann steckt ihr sie auf eurem vorgesehenen Stoffstück fest und näht sie schließlich mit der Hand fest.

Wenn ihr nun einen Entwurf aus zwei oder mehreren Teilen machen wollt und sich diese Teile überschneiden, dann dürft ihr die Teile nicht ineinanderpassen, sondern müßt sie begradigen. Ihr zeichnet euch erst das Motiv im ganzen auf. Dann zeichnet ihr jedes Stück einzeln nach und begradigt die Kante, die von einem anderen Teil überdeckt wird. Diese Kante sollte ungefähr 1 cm vom anderen Teil überdeckt werden. Nun schneidet ihr jedes Stück an der Umrißlinie entlang aus. Ihr solltet jede Seite kennzeichnen, damit ihr die vordere Seite nicht mit der Rückseite verwechselt.

Legt den ersten Teil der Schablone auf den Stoff und zeichnet ihn mit Schneiderkreide nach. Dann gebt ihr 5 mm für die Naht zu und schneidet das Stoffstück aus. Nun legt ihr den zweiten Teil der Schablone auf den Stoff und zeichnet auch diesen mit Kreide nach. Nach der Nahtzugabe schneidet ihr auch dieses Stück aus. Dann steckt ihr das Teil, das überdeckt wird, auf das Stoffstück. Schlagt jedoch die Kante, die überdeckt wird, nicht ein, sondern verseht sie mit einer Stütznaht. Dann näht ihr das Teil mit der Hand an. Nun befestigt ihr die offene Kante mit kleinen Stichen am Stoff. Danach schlagt ihr das zweite Teil ein und steckt es am Stoff fest, und zwar so, daß erst die offene Kante des ersten Teils abgedeckt wird. Nun näht ihr auch dieses Teil am Stoff fest. Falls die Applikation aus mehreren Teilen besteht, wiederholt ihr das einfach bei den anderen.

Ihr könnt auch mit der Nähmaschine applizieren. Ihr legt wieder die Schablone auf den Stoff. Dann zeichnet ihr sie nach, entfernt sie wieder und gebt noch 5 mm für die Naht zu und markiert sie. Außerhalb der Markierung schneidet ihr das Stück dann aus. Neben der inneren Linie steppt ihr eure Steppnaht. Nun schneidet ihr euer Motiv an der äußeren Linie entlang aus, schneidet Ecken und Kurven ein und schlagt die Nahtzugabe ein. Am besten heftet ihr die Nahtzugabe hinten fest. Dann steckt ihr euer Motiv auf dem Stoff fest; wenn ihr wollt, könnt ihr es auch anheften. Nun wählt ihr an der Nähmaschine den Geradstich und näht das Motiv an den Kanten entlang fest.

Etwas weniger Mühe macht es, die Applikation mit Zickzackstich aufzunähen. Ihr legt die Schablone auf den Stoff und zeichnet sie nach. Dann schneidet ihr die Applikation ca. 1,5 bis 2,5 cm außerhalb der Markierung aus. Nun steckt ihr das Motiv natürlich auf der rechten Seite des Stoffes fest. Wenn ihr euch unsicher fühlt, heftet die Applikation lieber an, aber nicht an der Markierungslinie entlang, sondern in der Mitte des Motivs. Dann näht ihr die Applikation direkt auf der Markierungslinie mit Geradstichen fest. Danach nehmt ihr eine spitze Schere und schneidet die Nahtzugabe dicht an der Nahtlinie ab. Paßt aber auf, daß ihr weder in den Stoff noch in die Naht schneidet. Nun übernäht ihr die Kanten und die Nahtlinie mit sehr dichten und kurzen Zickzackstichen. Vergeßt nie, die Fäden entweder zu vernähen oder gut zu verknoten. Auch solltet ihr darauf achten, daß ihr immer alle Heftfäden entfernt habt; das macht sich besser!

Wenn ihr einen sehr dünnen Stoff habt, dann solltet ihr eure Applikation unterlegen, denn mit einer Einlage sieht euer Meisterwerk viel schöner aus. Diese Einlagen könnt ihr im Geschäft kaufen. Am praktischsten sind Einlagen, die man aufbügeln kann. Als erstes zeichnet ihr euer Motiv wieder auf eine Schablone und schneidet diese aus. Nun legt ihr die Schablone auf die linke Seite der Einlage und zeichnet sie nach. Dann müßt ihr sie genau auf der Markierung ausschneiden. Dafür legt ihr die Schablone wie üblich auf euren Stoff, zeichnet sie nach und schneidet das Stoffstück nach der Nahtzugabe aus. Dann legt ihr die Einlage links auf links auf die Applikation und bügelt sie auf. Lest euch aber vorher die Gebrauchsanweisung durch! Achtet auch darauf, daß die Einlage auf jeden Fall links liegen muß, da sonst der ganze Kleister an eurem Bügeleisen sitzt! Wenn nun die Einlage auf der Applikation festsitzt, könnt ihr weiterarbeiten wie immer.

Wenn ihr eure Applikation besonders schön machen wollt, könnt ihr sie wattieren. Als erstes müßt ihr wieder die Schablone anfertigen und wie gewohnt den Stoff zuschneiden. Wenn ihr soweit seid, näht ihr das Motiv ebenfalls wie immer auf den Stoff. Halt! Nicht ganz zunähen! Ihr müßt noch eine kleine Stelle offen lassen, damit ihr das Wattiermaterial hineinschieben könnt. Dazu nehmt ihr eine stumpfe Nadel oder ein Stöckchen und schiebt die Polsterung hinein. Anschließend müßt ihr es noch gleichmäßig verteilen. Aber tut nicht zuviel des Guten! Wenn ihr eure Applikation nämlich zu stark auspolstert, könnte sich euer Motiv verziehen. Zum Schluß näht ihr dann die Öffnung mit der Hand so zu, daß man die Stiche nicht mehr sehen kann. Wenn die Polsterung etwas zerdrückt ist, könnt ihr sie mit der Nadelspitze vorsichtig auflockern.

c) Praktische Anwendung

Topflappen mit applizierter Tomate
Zuerst braucht ihr Stoff für den Topflappen, am besten eine dunklere Farbe, ca. 20 cm × 40 cm. Für die Tomate könnt ihr einen roten Stoffrest nehmen, wenn ihr keinen roten Stoff habt, macht sie entweder in einer anderen Farbe, oder ihr appliziert einfach was anderes. Noch ein Tip: In manchen Geschäften werden Stoffreste billig verkauft. Fragt doch einfach mal! Außerdem solltet ihr euch noch etwas Wattierung besorgen (sonst nützt der Topflappen nicht sehr viel). Nadel und Faden und ein Bändchen als Aufhänger.

Jetzt kann's losgehen!

Als erstes müßt ihr eure Tomate ausschneiden (oder was immer ihr auch applizieren wollt); vergeßt aber nicht, 5 mm Nahtzugabe rundherum zu lassen. Dann markiert ihr die Nahtlinie, also den Umriß der Tomate, ohne Nahtzugabe. Als nächstes steht euch die Stütznaht bevor: Steppt einmal gleich außerhalb der Nahtlinie rundrum. Nun müßt ihr bei den Rundungen die Nahtzugabe einschneiden und nach hinten umklappen. Dann könnt ihr die Tomate feststecken und festnähen.

Nun kommt noch der Topflappen. Steckt den Stoff auf drei Seiten so zusammen, daß er ca. 20 cm × 20 cm mißt. Die Tomate sollte nun auf der Innenseite sein, also nicht zu sehen. Dann näht ihr drei Seiten zusammen, nehmt aber Rücksicht auf die Nahtzugabe. Wenn ihr den Topflappen auf drei Seiten zusammengenäht habt, dreht ihr ihn um, so daß man die Tomate wieder sehen kann. Nun müßt ihr als erstes das Bändchen an einer Ecke festnähen, damit die Enden noch in den Topflappen kommen. Als nächstes stopft ihr den Topflappen mit der Wattierung aus, und dann näht ihr die letzte Naht zu. Schon ist der Topflappen fertig.

„Spitzen"-Bild

Für das Spitzenbild braucht ihr einen Seidenstoff (das wirkt sehr edel) oder irgendeinen anderen glänzenden Stoff. Außerdem benötigt ihr einen Bilderrahmen, Nadel und Faden und jede Menge Spitzen.

Jetzt könnt ihr eurer Phantasie freien Lauf lassen. Nehmt die kleinen Spitzenstücke und näht sie einfach auf den Stoff auf. Das könnt ihr in Form einer Landschaft machen, oder ihr gestaltet das ganze als Blumenkorb oder einfach frei nach eurer Phantasie. Wenn ihr alle Spitzen festgenäht habt, müßt ihr den Stoff am Rand entlang absteppen. Es sieht auch gut aus, wenn ihr ihn noch wattiert. Falls ihr das alles habt, klemmt ihr das ganze in den Bilderrahmen und hängt es bei euch oder jemand anderem an die Wand.

Tip: Dieses Spitzenpuzzle macht sich auch auf Kissen sehr gut. Ihr könnt eure Spitzen überhaupt überall aufnähen, wo sie euch gefallen.

Sitzkissen

Bei diesem Kissen liegt jede Entscheidung bei euch: Größe, Form, Farbe, Muster.

Ihr braucht dafür Stoff für das Kissen, Stoff für die

Applikation, Nadel, Faden und Wattierung. Ihr könnt die Applikation auch wattieren, wenn ihr wollt.

Zum Nähen selber sei nur gesagt: Erst die Applikation aufnähen, dann drei Nähte am Kissen (die Applikation muß innen sein), dann dreht ihr das Kissen um (auf rechts), stopft es aus und schließt die letzte Naht.

Als *Motivvorschläge* liefern wir euch: Blume, Schmetterling, Blumenkorb, Mond mit Sternen, Palme und Eistüte.

Diese Motive könnt ihr beliebig vergrößern – es kommt ganz darauf an, wie groß das Kissen werden soll.

Patchworkdecke
Die Decke wird 1,50 m auf 1,50 m groß. Ihr braucht zwei verschiedene Stoffe, am besten Baumwolle, und Wattierung. Vom einen Stoff nehmt ihr 1,70 m, wenn er 90 cm breit ist, vom anderen 5,10 m. Natürlich braucht ihr auch noch Nähgarn und Stecknadeln, und eine Nähmaschine wäre auch nicht zu verachten.

Als erstes müßt ihr euch die Schablone aufzeichnen. Dazu zeichnet ihr ein rechtwinkliges Dreieck auf Karton (oder Zeitungspapier), bei dem zwei Seiten 75 cm lang sind. Nun legt ihr diese Schablone auf die linke Stoffseite und malt mit Schneiderkreide die Umrisse nach. Dann gebt ihr ungefähr 1 cm Nahtzugabe dazu und schneidet das Stoffstück aus. Von jedem Stoff braucht ihr vier Dreiecke, so daß ihr am Schluß 8 Dreiecke habt.

Nun müßt ihr noch die Teile für die Rückseite der Decke zuschneiden. Dafür zeichnet ihr euch auf dem Stoff mit Schneiderkreide 75 cm Breite und 1,5 m Länge an. Vergeßt beim Ausschneiden aber nicht die Nahtzugabe. Dieses Stoffteil braucht ihr zweimal.

So, jetzt müßt ihr alle Stoffteile mit Zickzackstich einsäumen. Wenn ihr das geschafft habt, könnt ihr erst einmal eine Pause machen.

Dreimal tief durchgeatmet – und schon geht's ans Zusammennähen! Ihr steckt immer zwei verschiedenfarbige Dreiecke zusammen, und zwar so, daß sich vier Quadrate ergeben. Dann näht ihr erst die Dreiecke an der Markierungslinie der Schneiderkreide zu Quadraten zusammen. Nun steckt ihr immer zwei Quadrate zusammen, und zwar so, daß immer zwei verschiedenfarbige Dreiecke nebeneinander liegen. Jetzt habt ihr zwei Rechtecke. Diese näht ihr auch wieder an der Markierungslinie zu einem großen Quadrat zusammen. Schon ist die Vorderseite fertig.

Nun näht ihr die beiden Teile für die Rückseite so zusammen, daß sich wieder ein Quadrat ergibt.

Dann legt ihr Vorder- und Rückseite links auf links zusammen und näht beide Teile an der Markierungslinie zusammen. Aber laßt eine Seite offen, damit ihr die Wattierung noch hineinstecken könnt. Wenn dann die Wattierung in der Decke ist, könnt ihr auch die letzte Seite zunähen.

Wenn ihr wollt, könnt ihr jetzt an jeder Dreiecksseite entlang noch einmal absteppen, dann verrutscht die Wattierung nicht so leicht.

★

Wenn ihr euch nun durch das ganze Buch gekämpft habt, seid ihr nicht nur sehr tapfer und fleißig gewesen; ihr könnt nun auch getrost den Kampf mit sämtlichen Handarbeitsvorschlägen beginnen; sie werden für euch jetzt kein Problem mehr sein.

Viel Spaß!